My Notes

My Notes

My Notes

My Notes

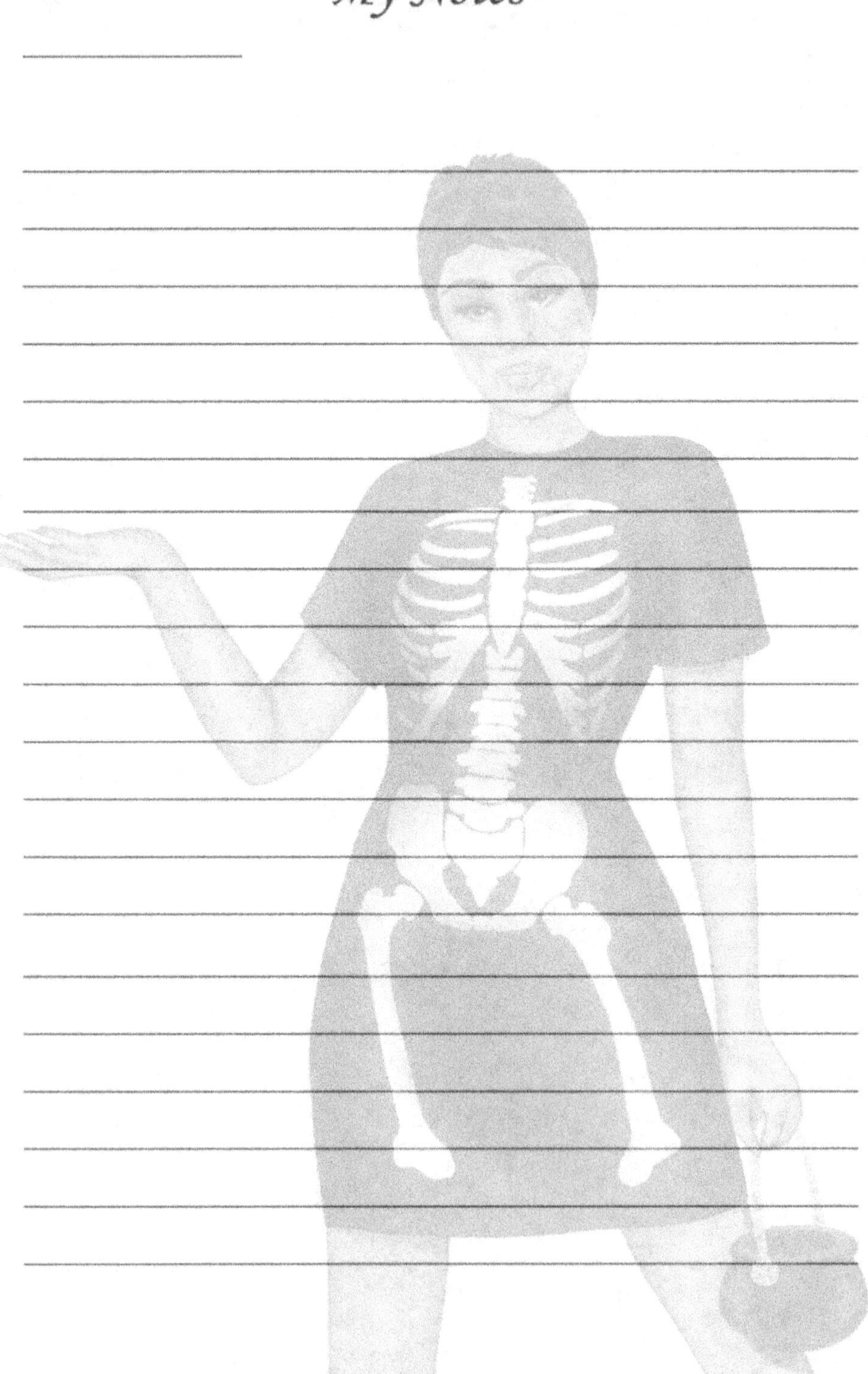

My Notes

My Notes

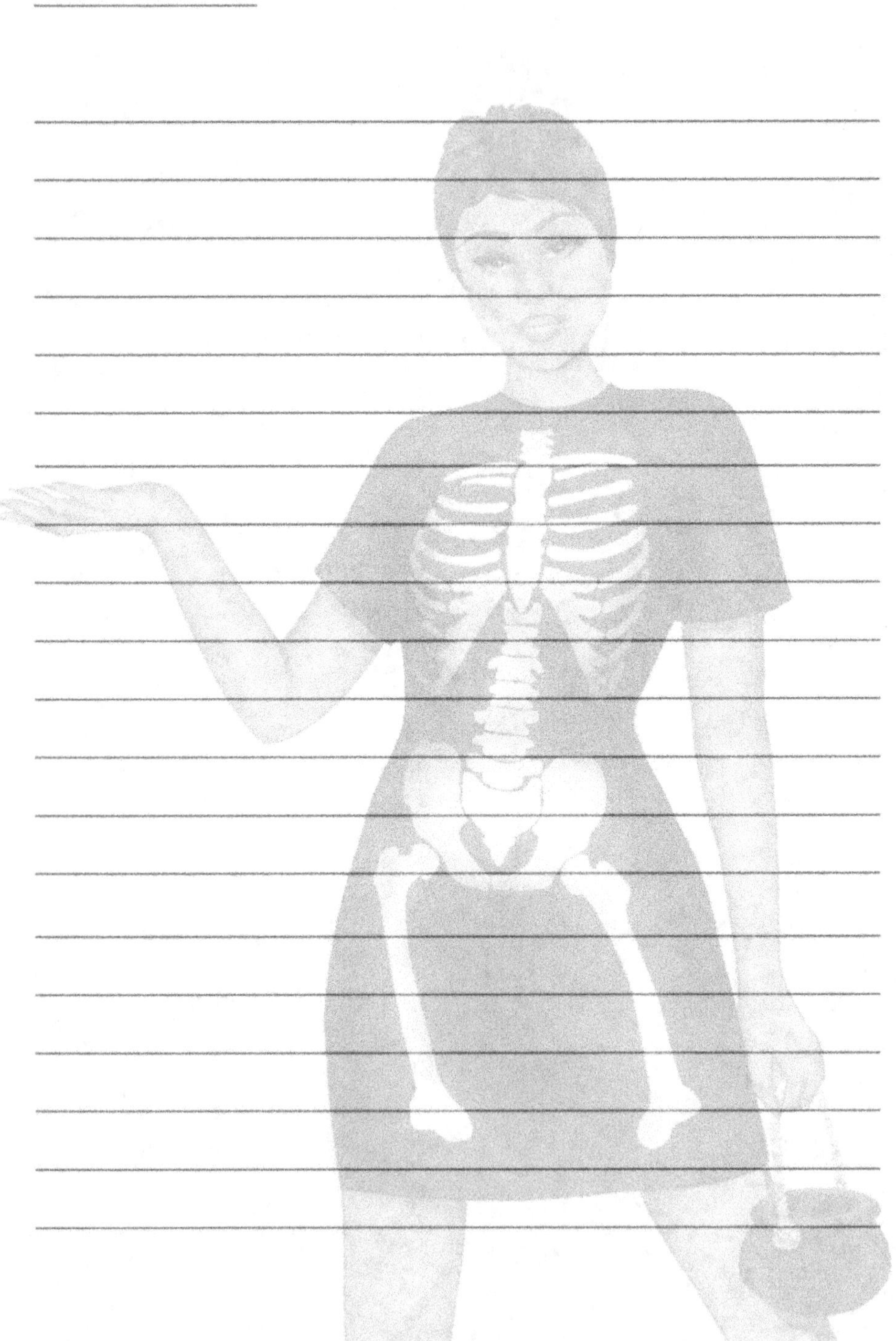

My Notes

My Notes

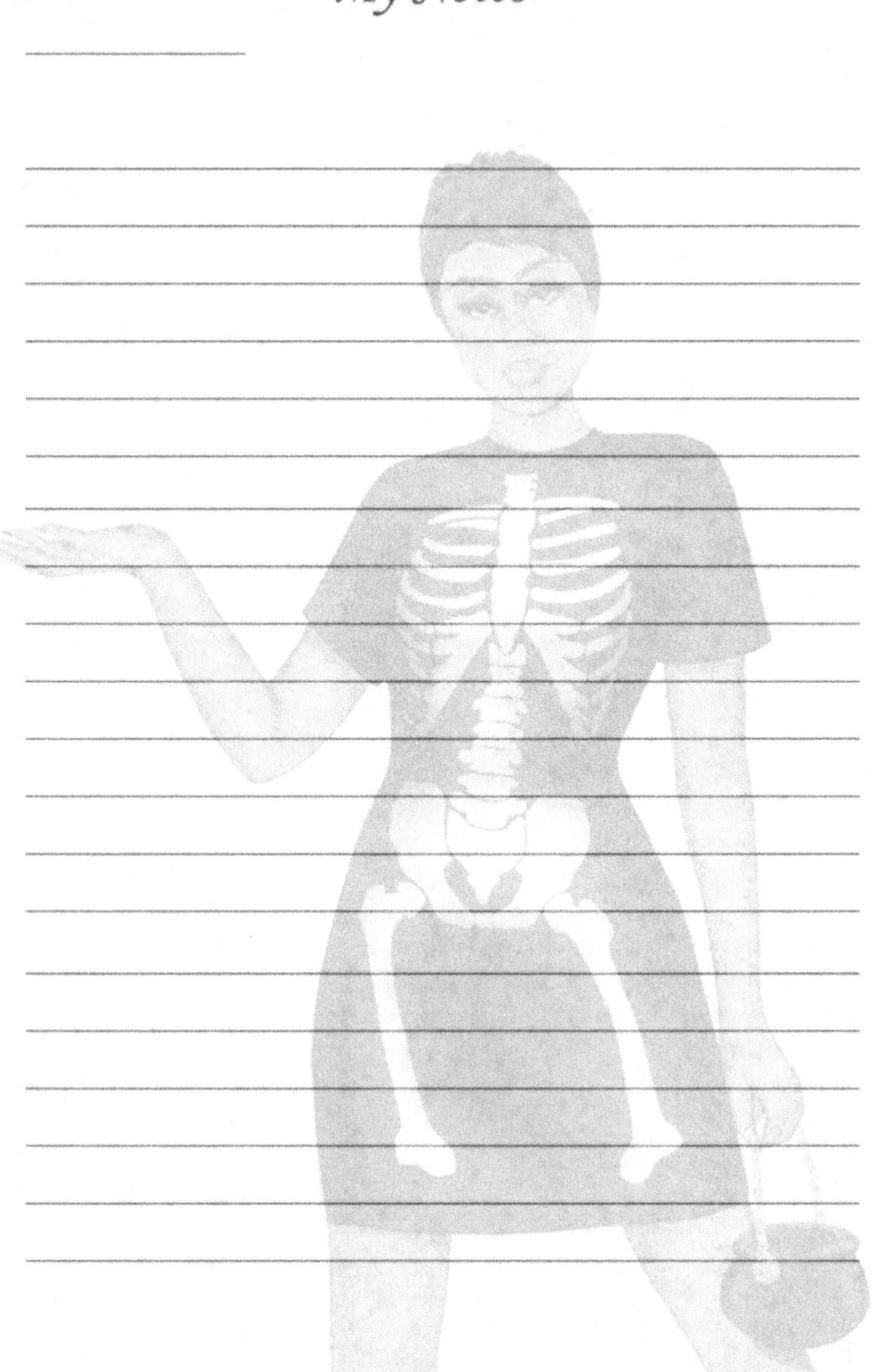

My Notes

My Notes

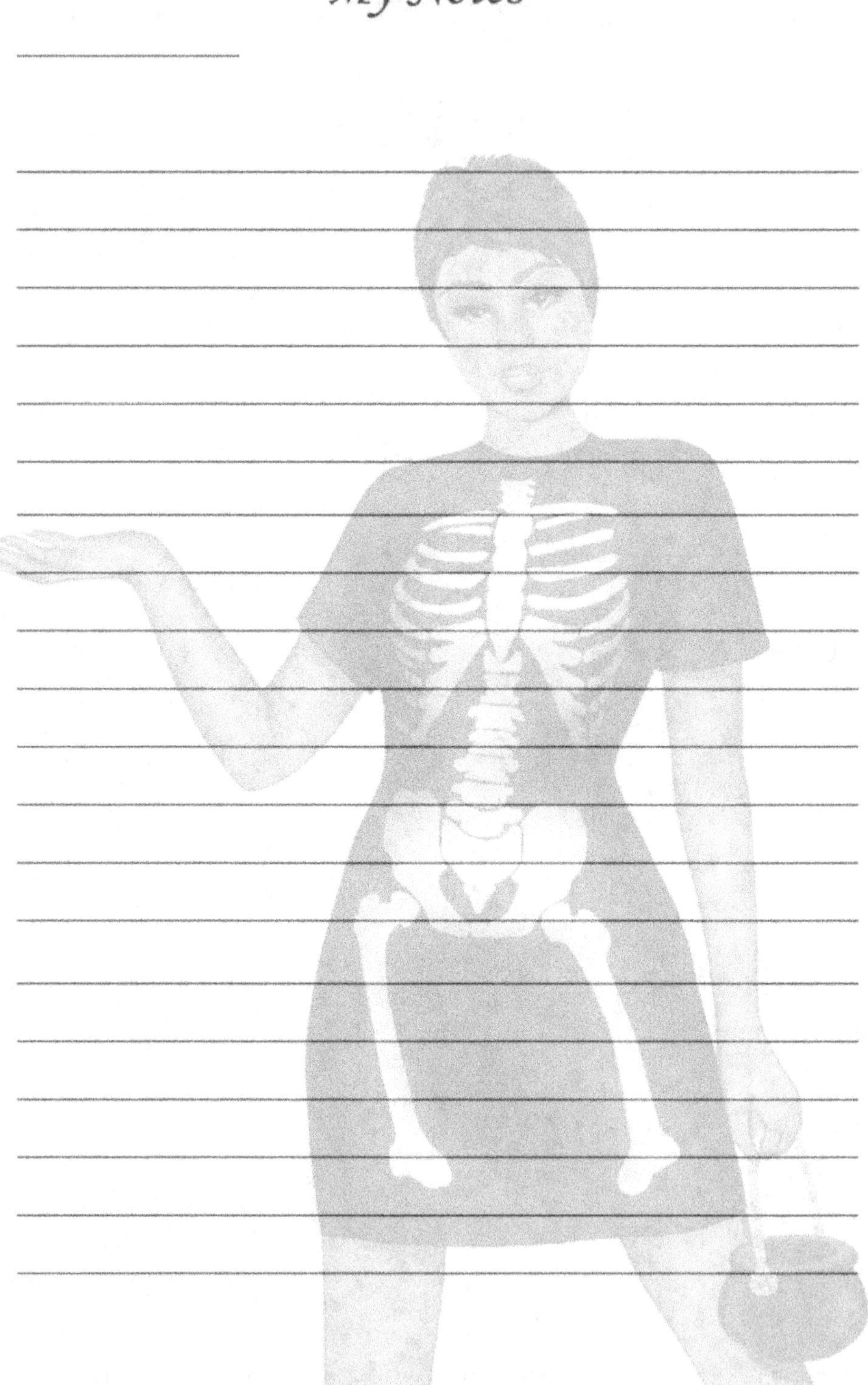

My Notes

My Notes

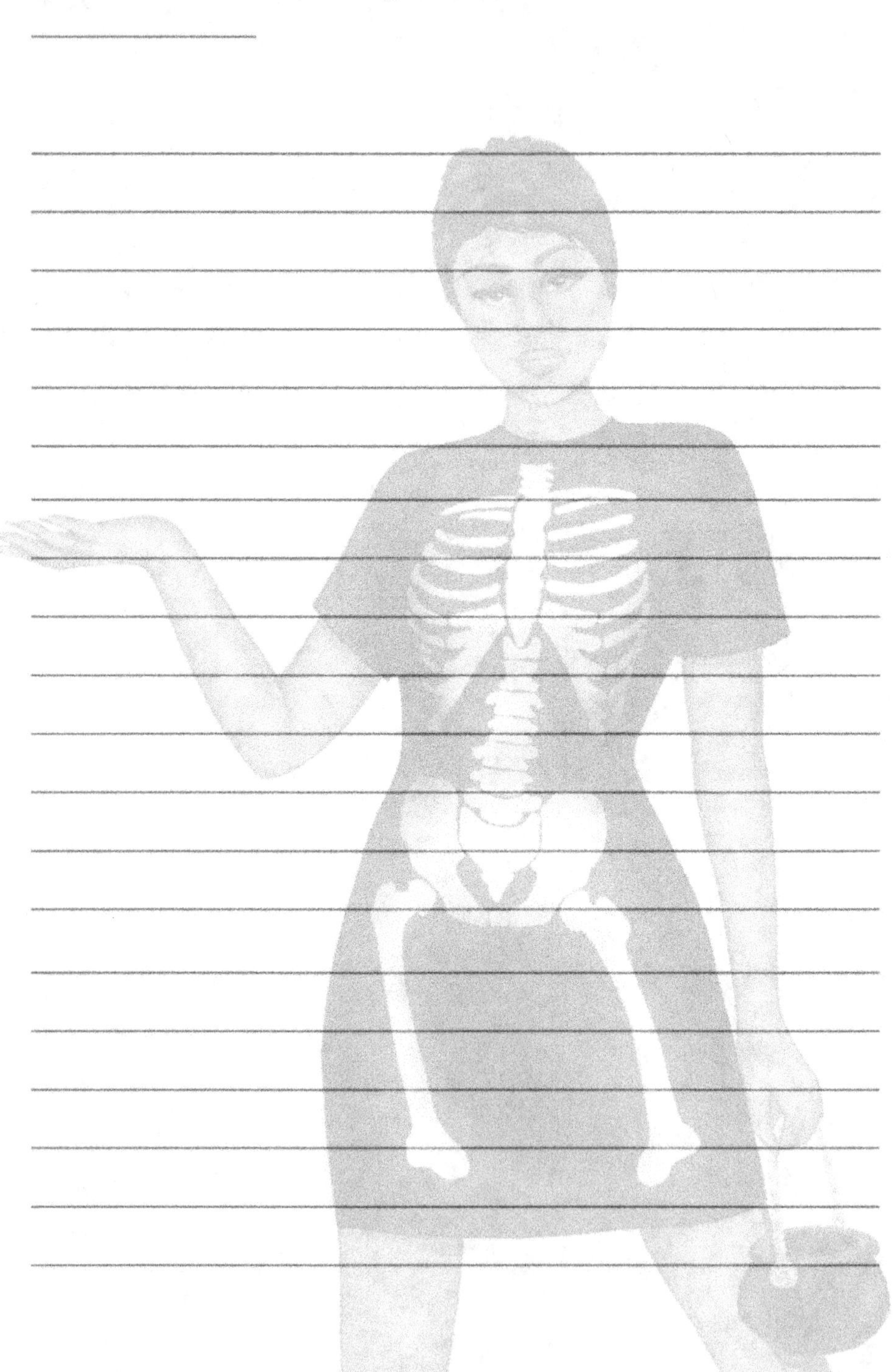

My Notes

My Notes

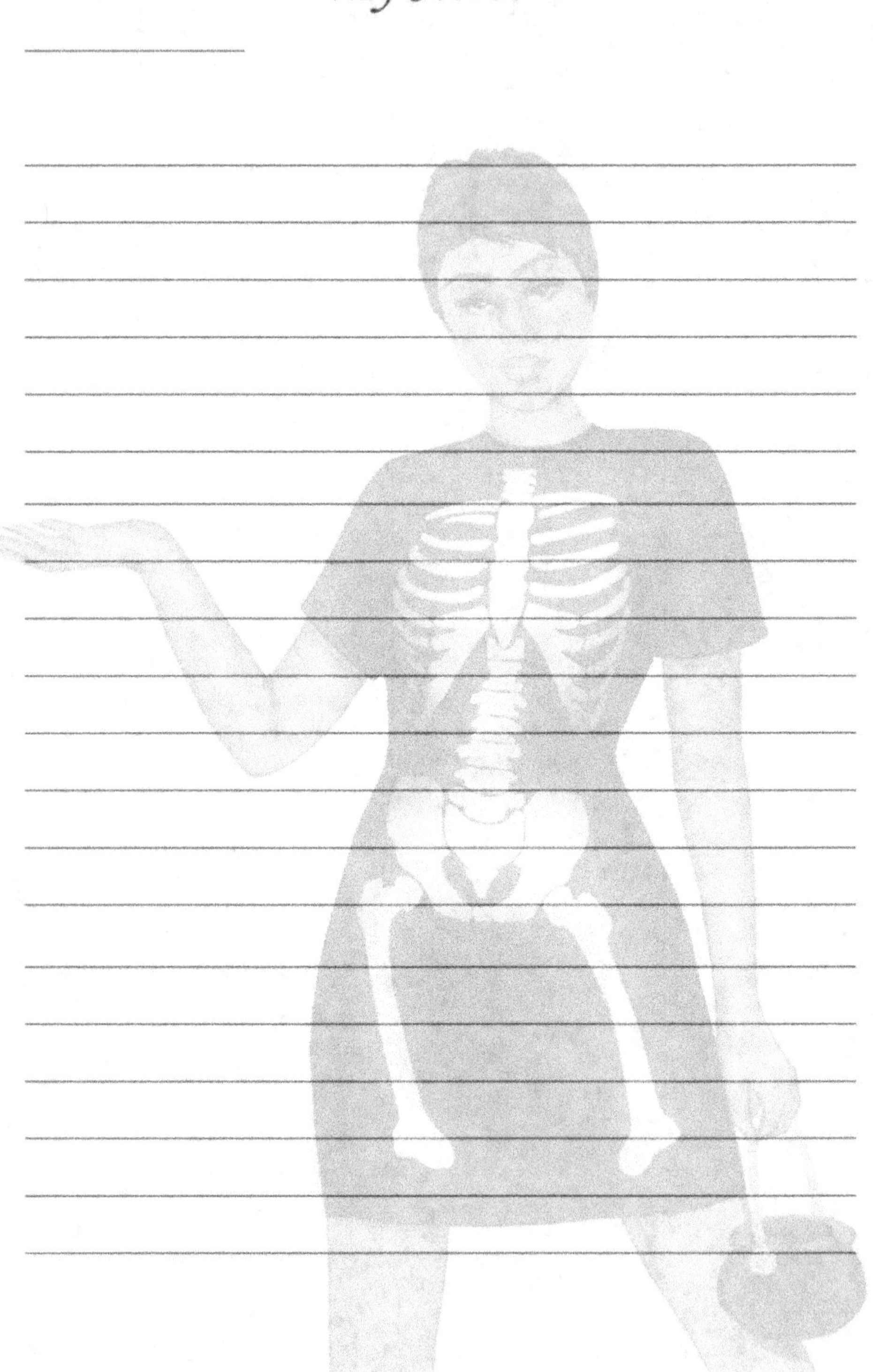

My Notes

My Notes

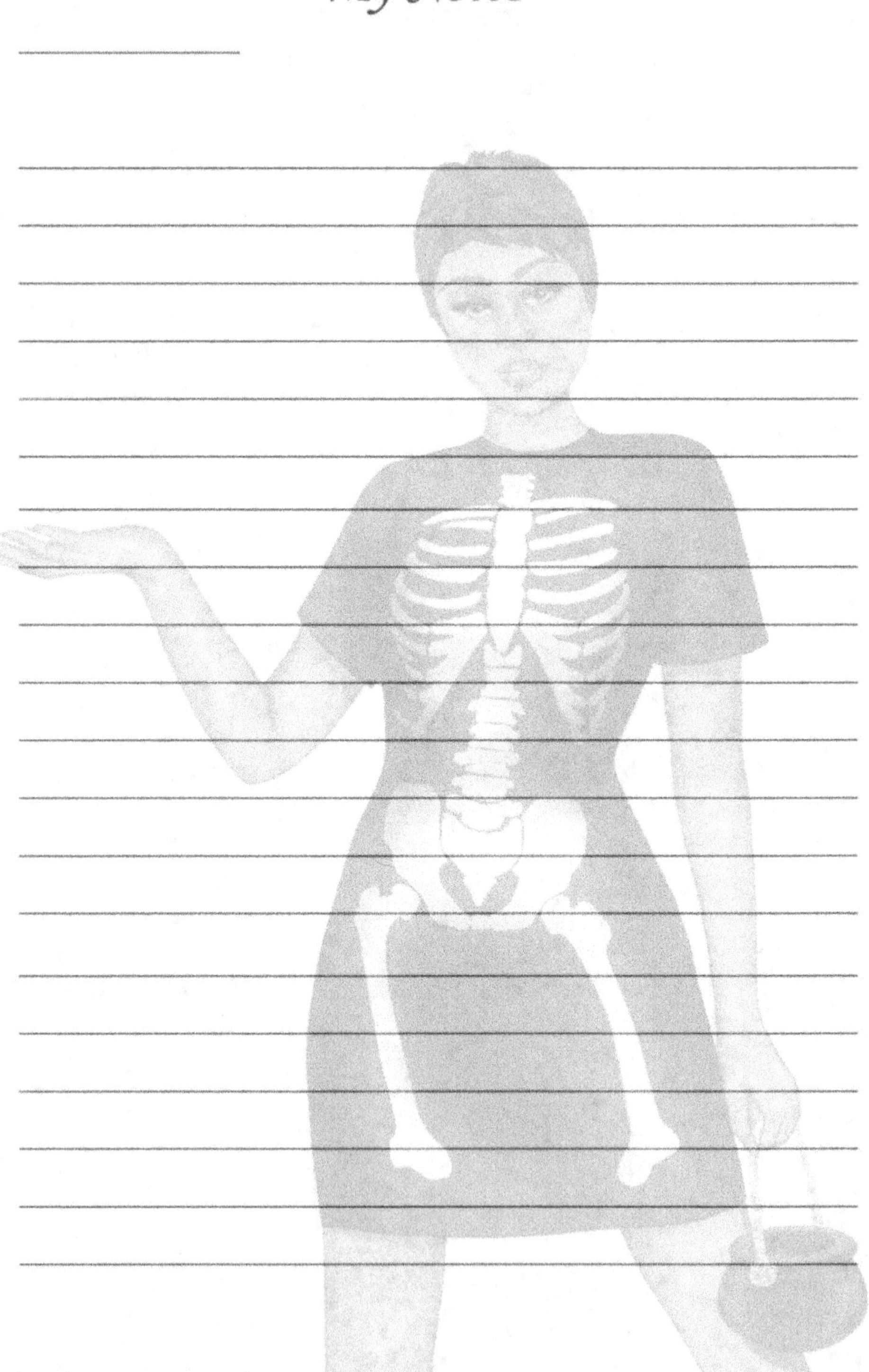

My Notes

My Notes

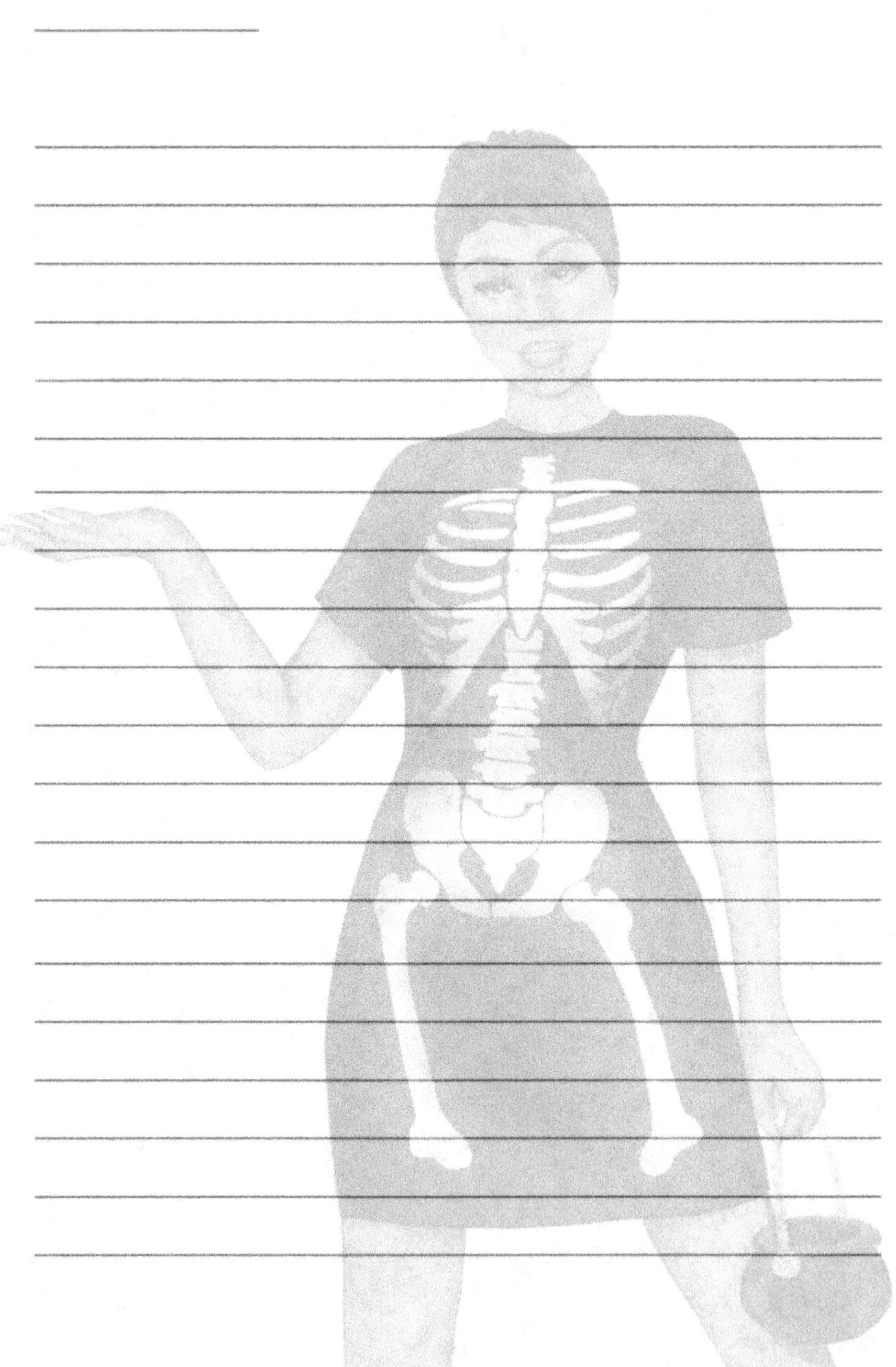

My Notes

My Notes

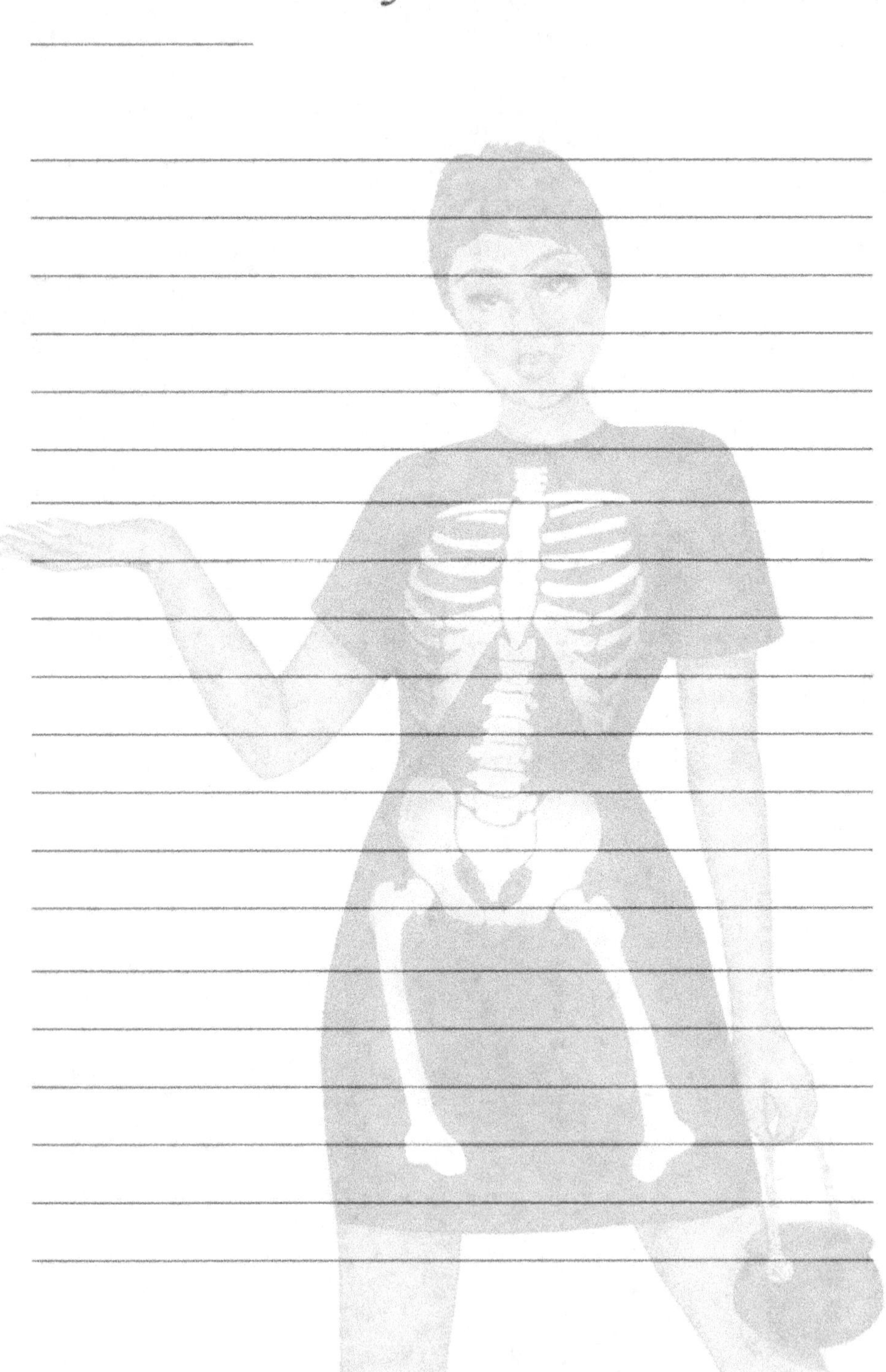

My Notes

My Notes

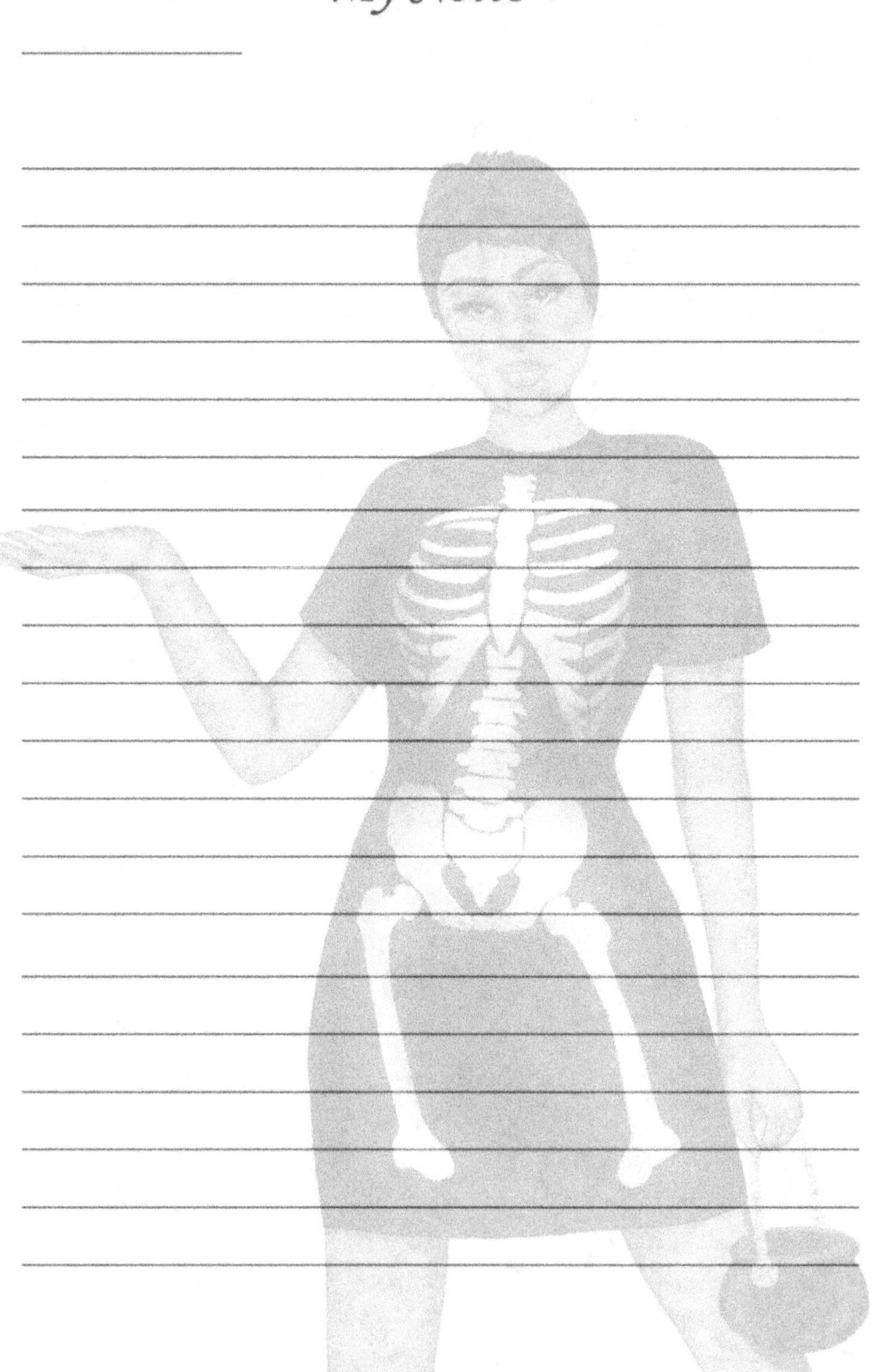

My Notes

My Notes

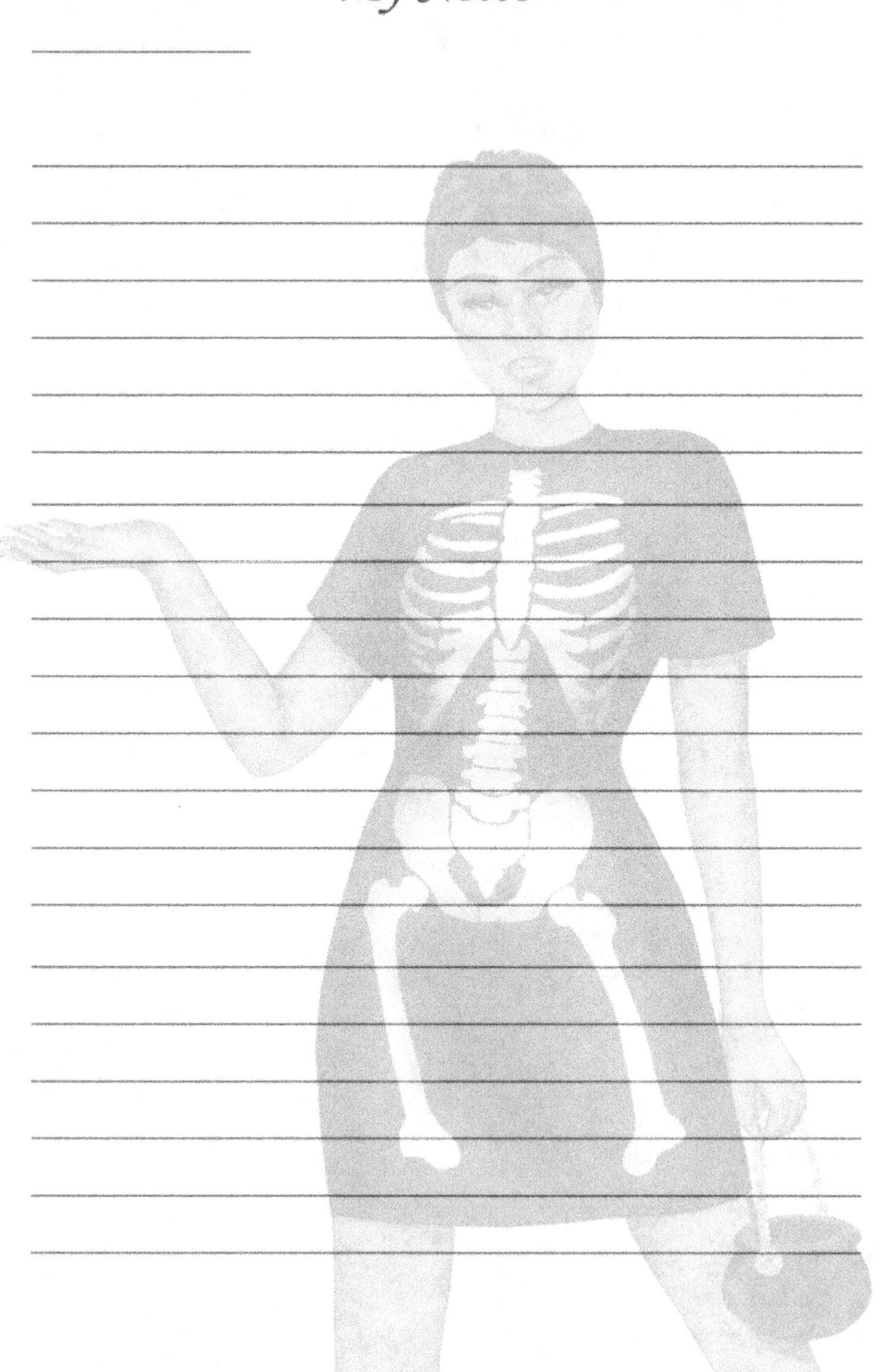

My Notes

My Notes

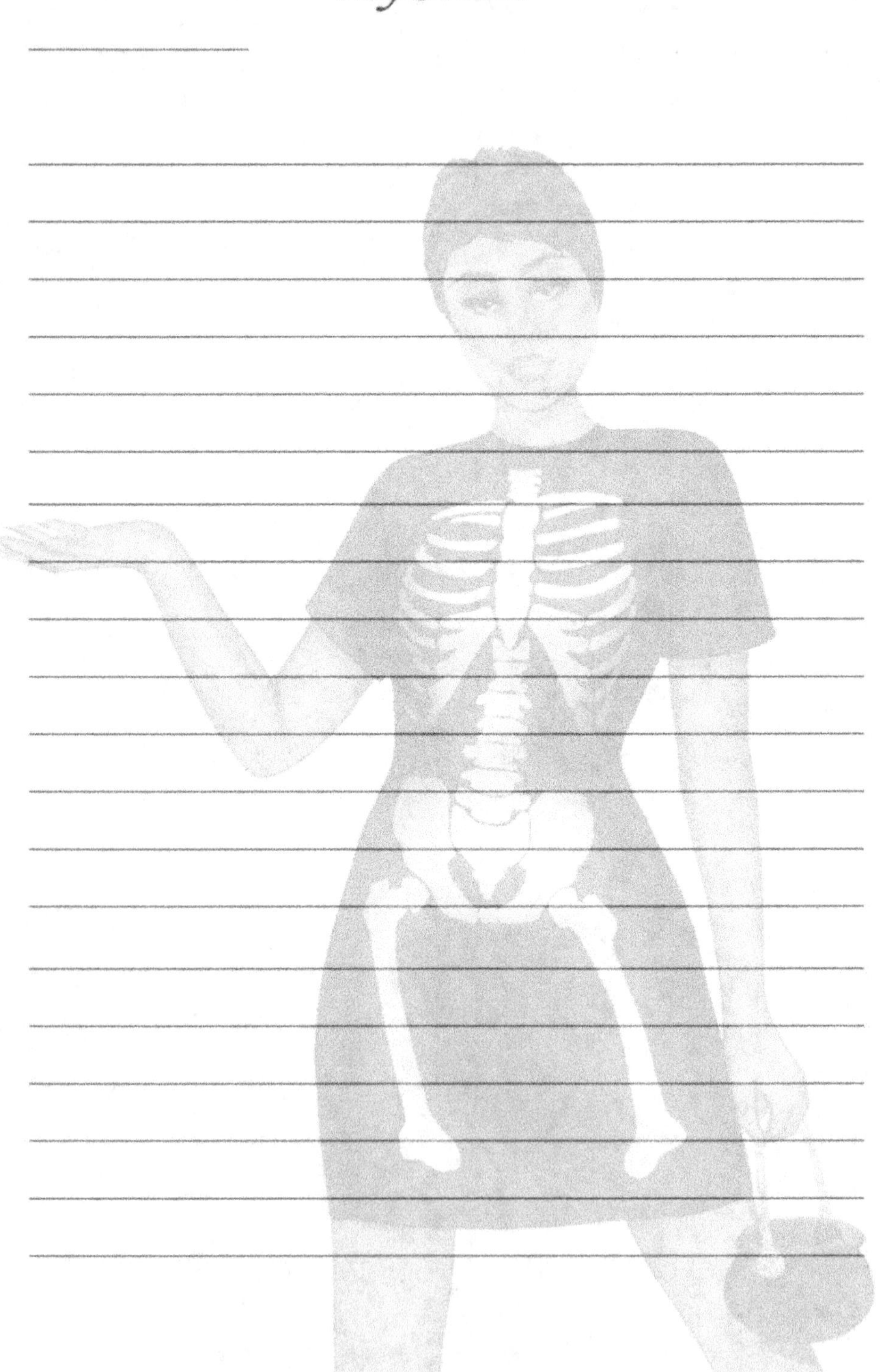

My Notes

My Notes

My Notes

My Notes

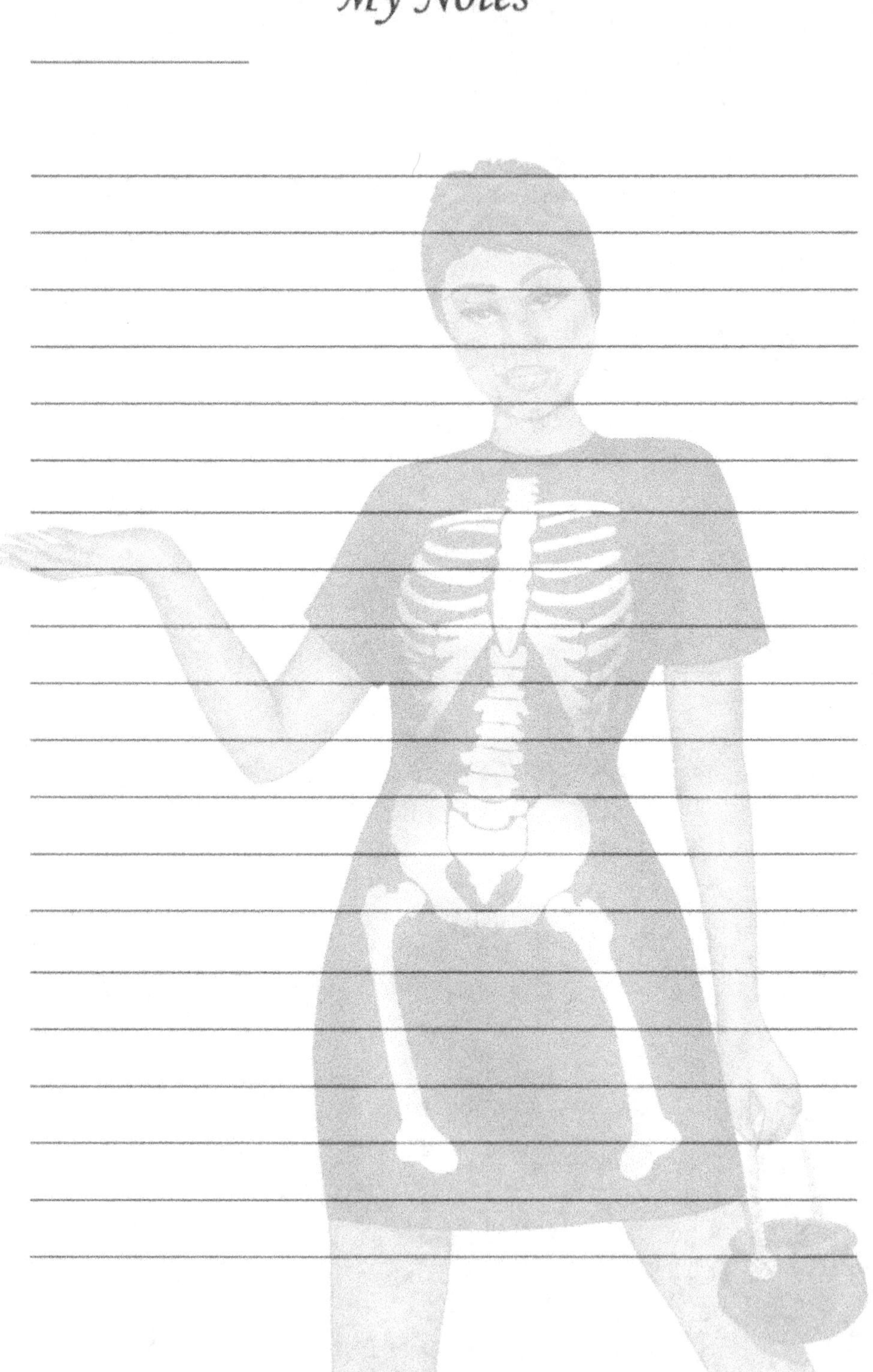

My Notes

My Notes

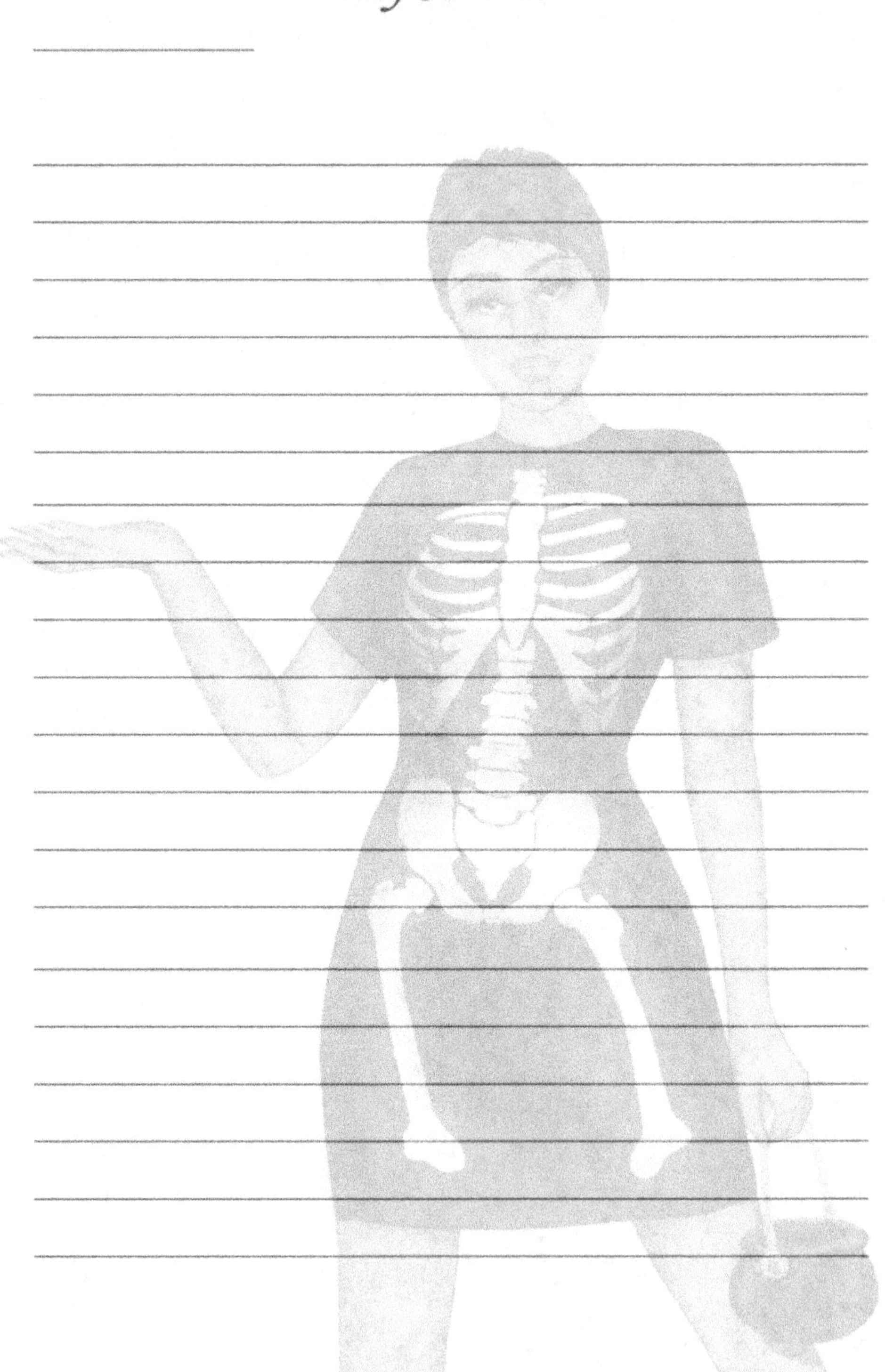

My Notes

My Notes

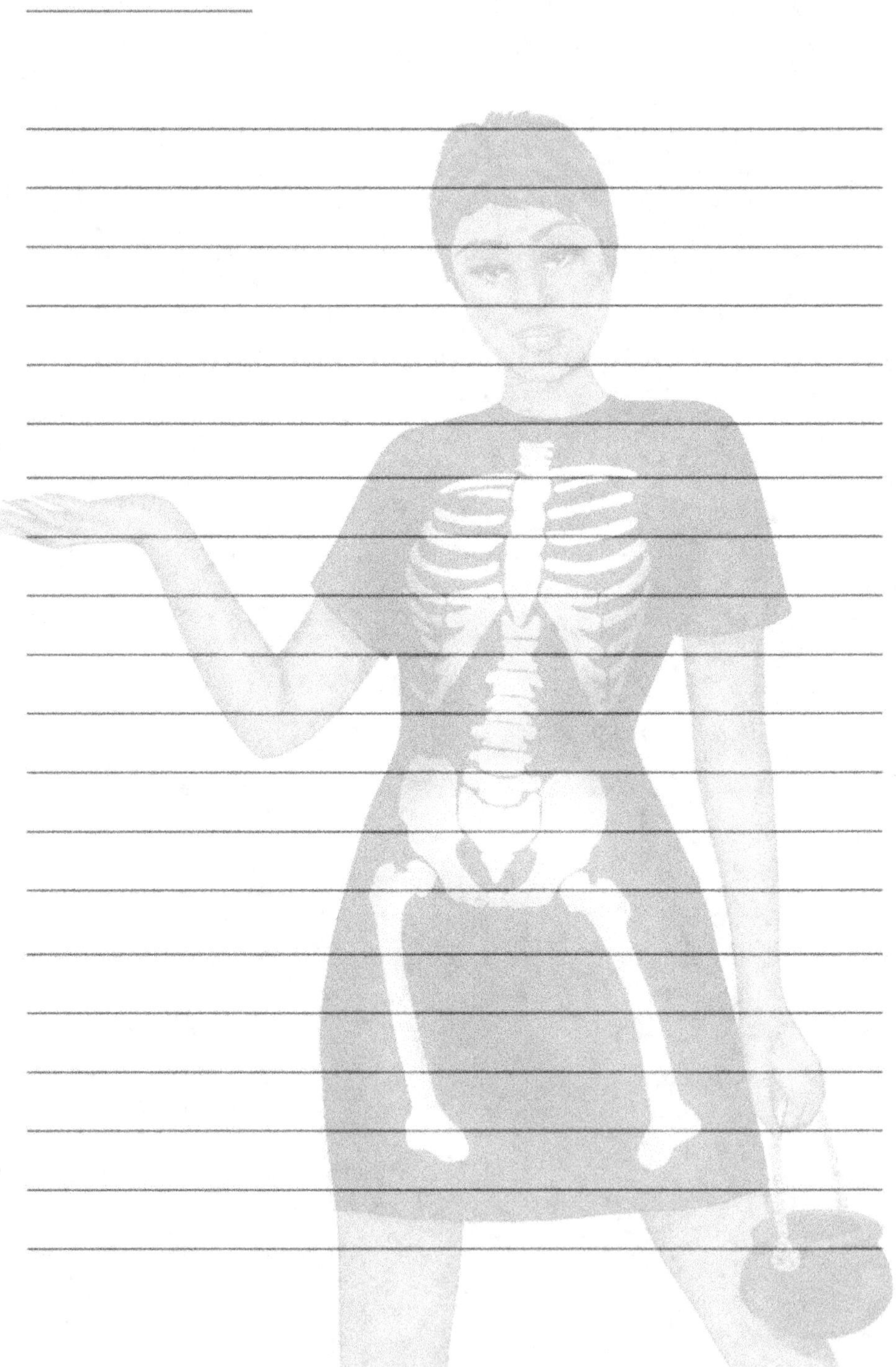

My Notes

My Notes

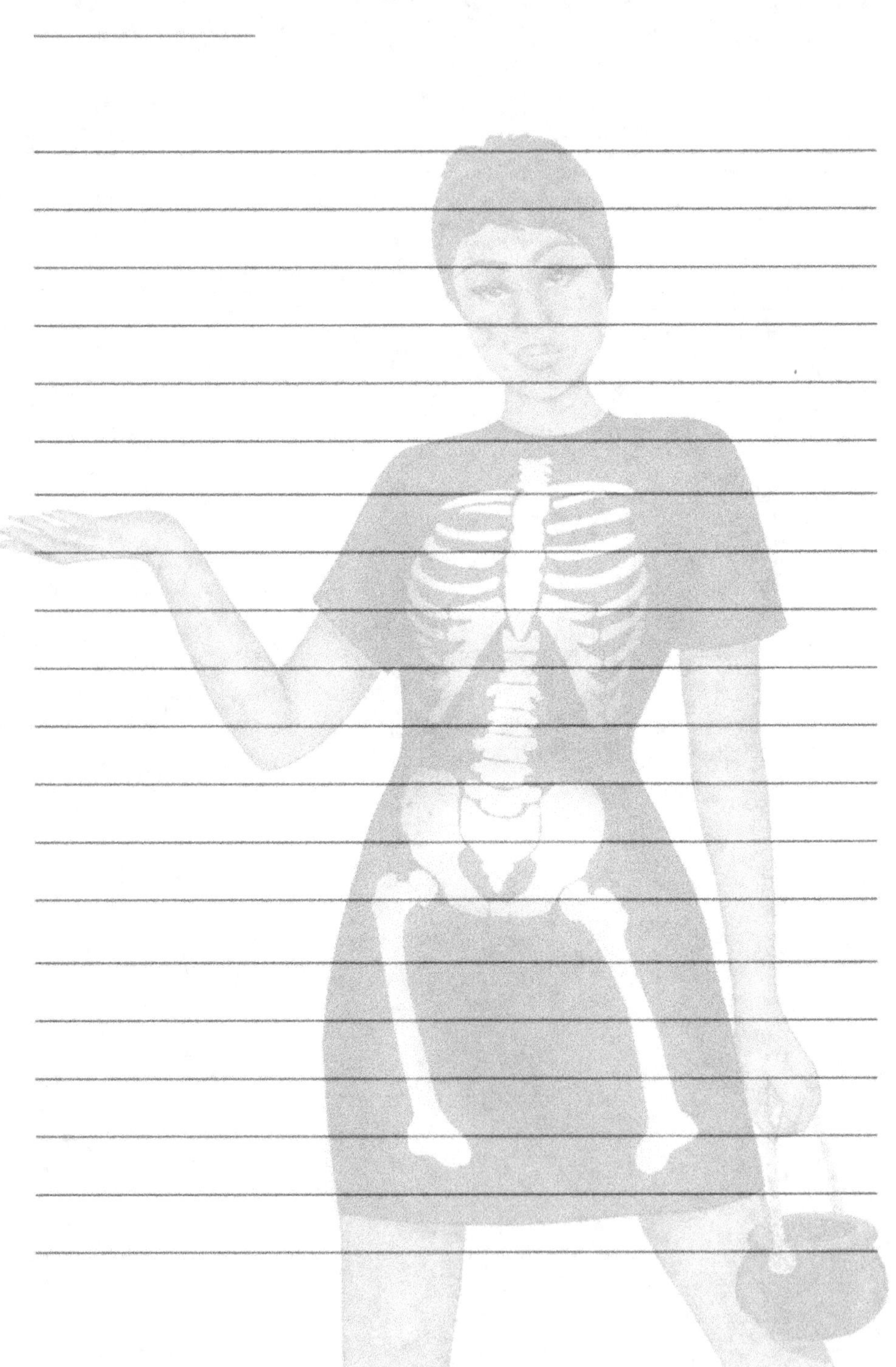

My Notes

My Notes

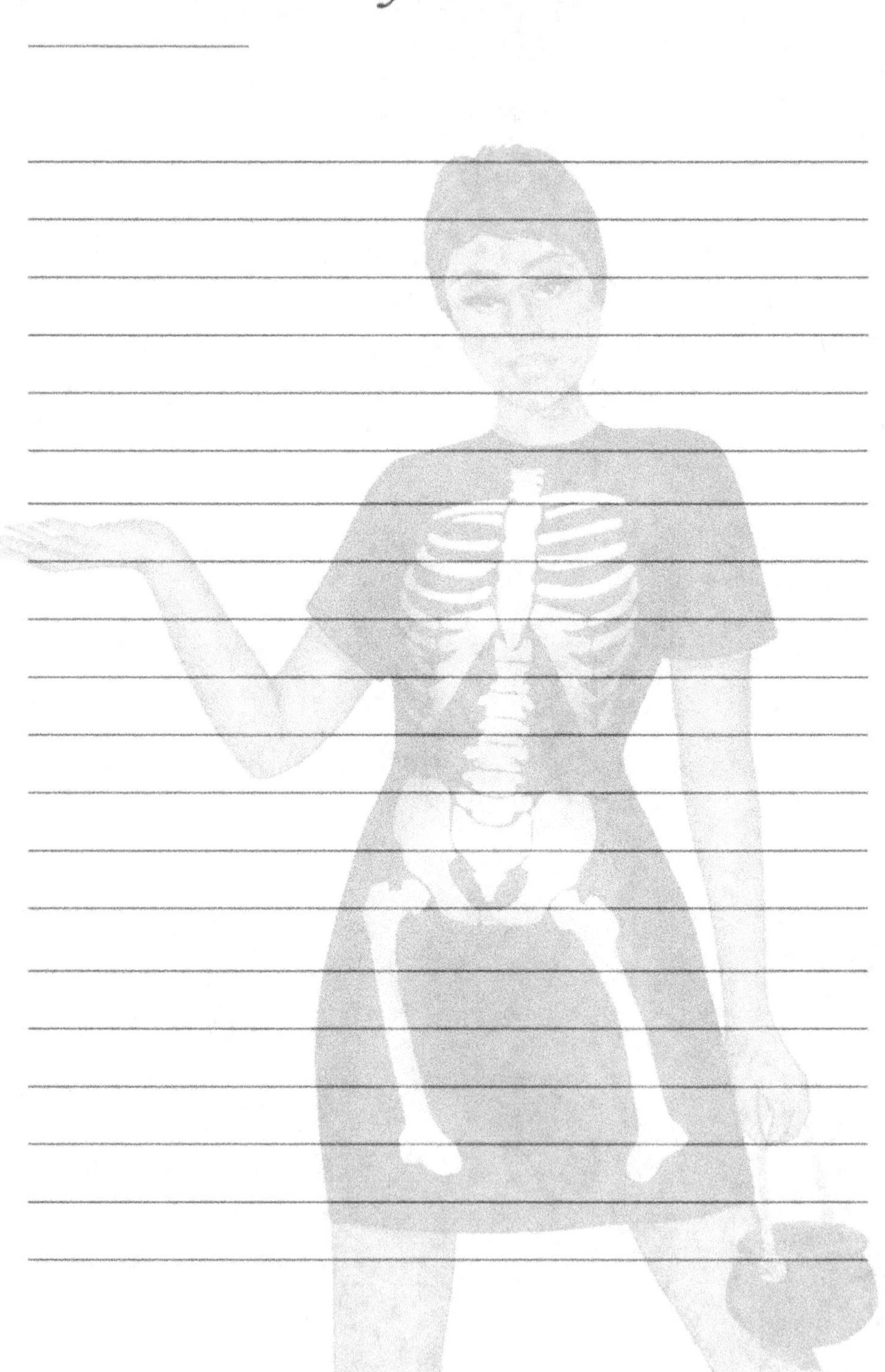

My Notes

My Notes

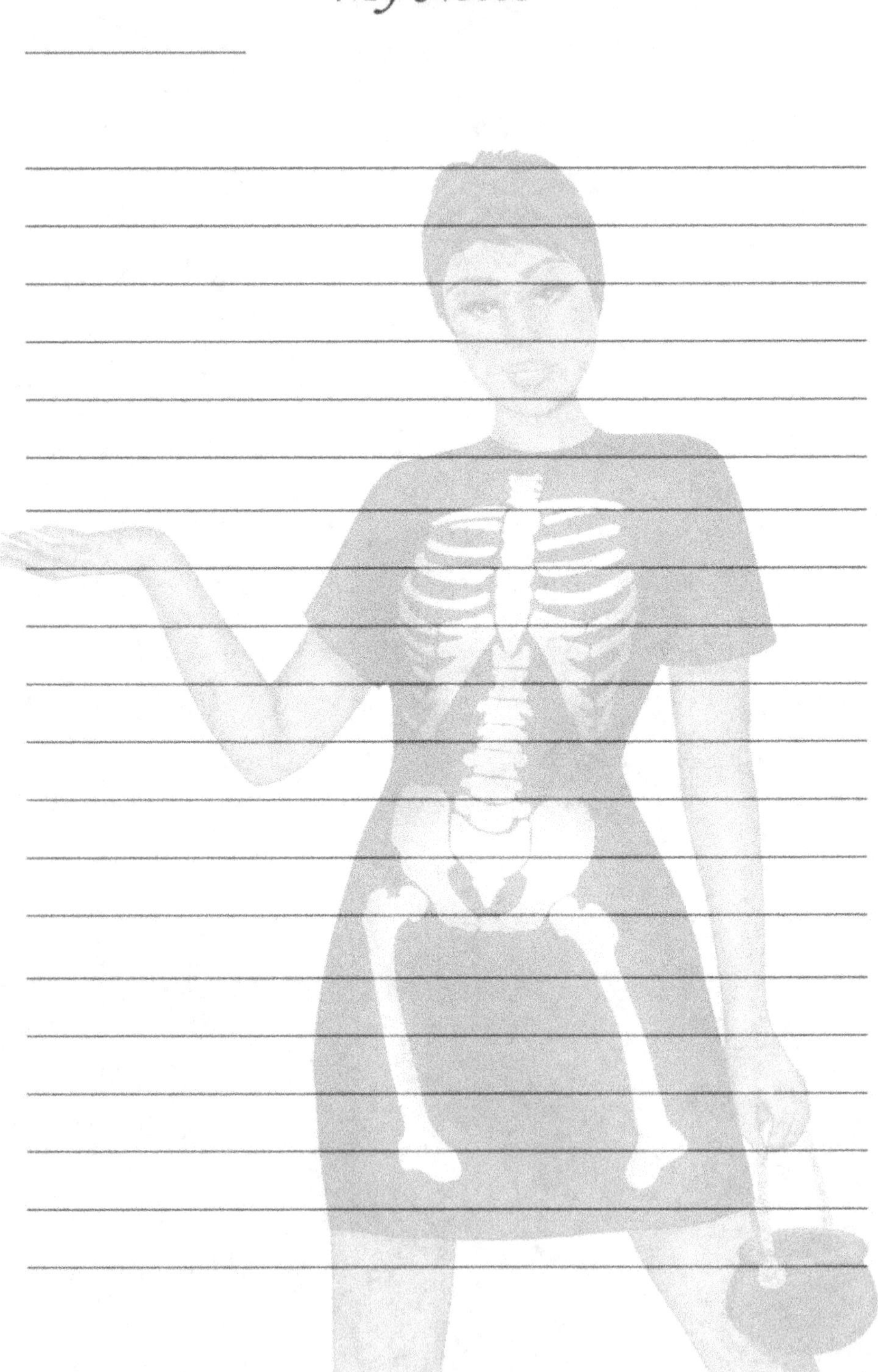

My Notes

My Notes

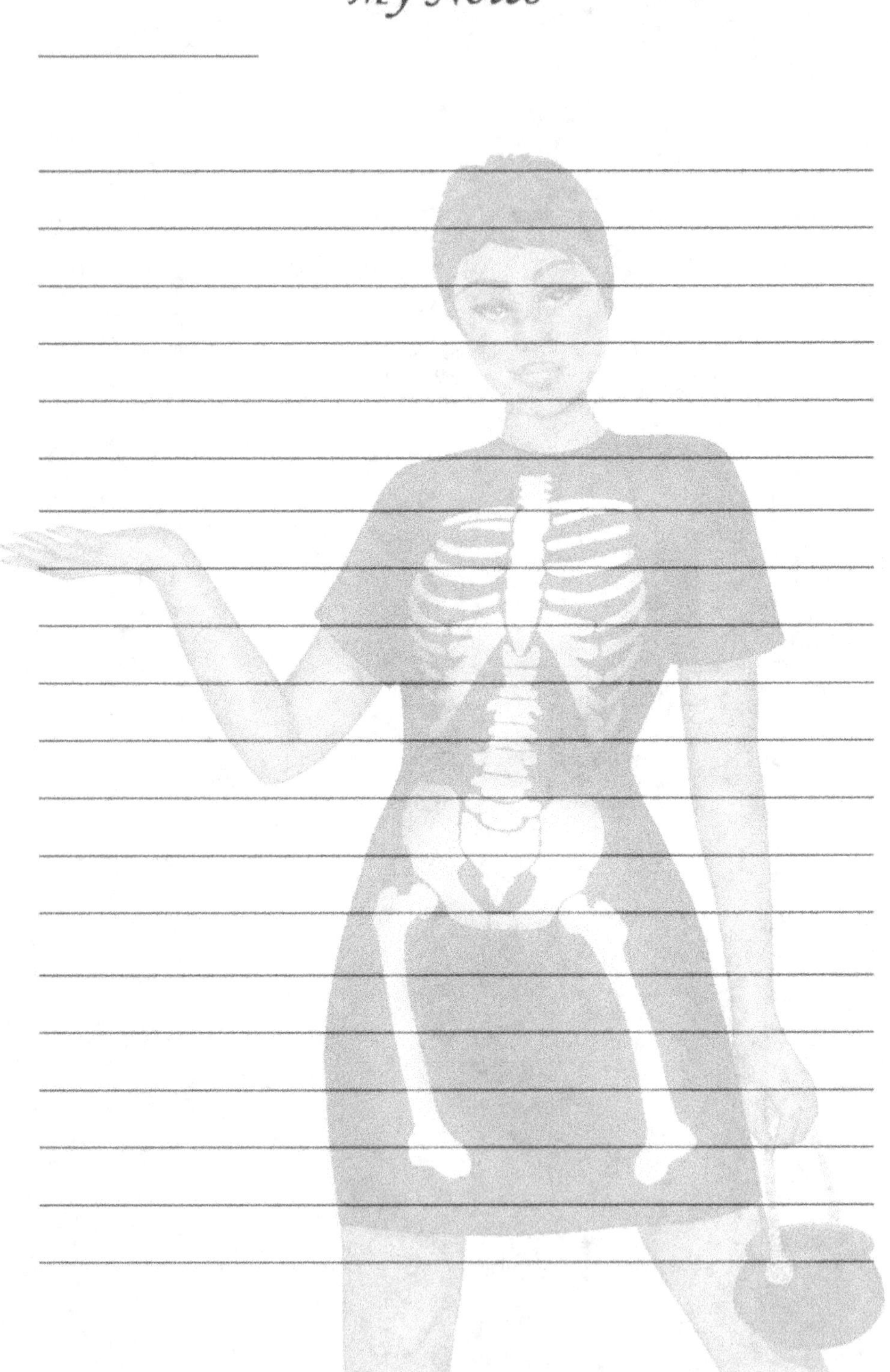

My Notes

My Notes

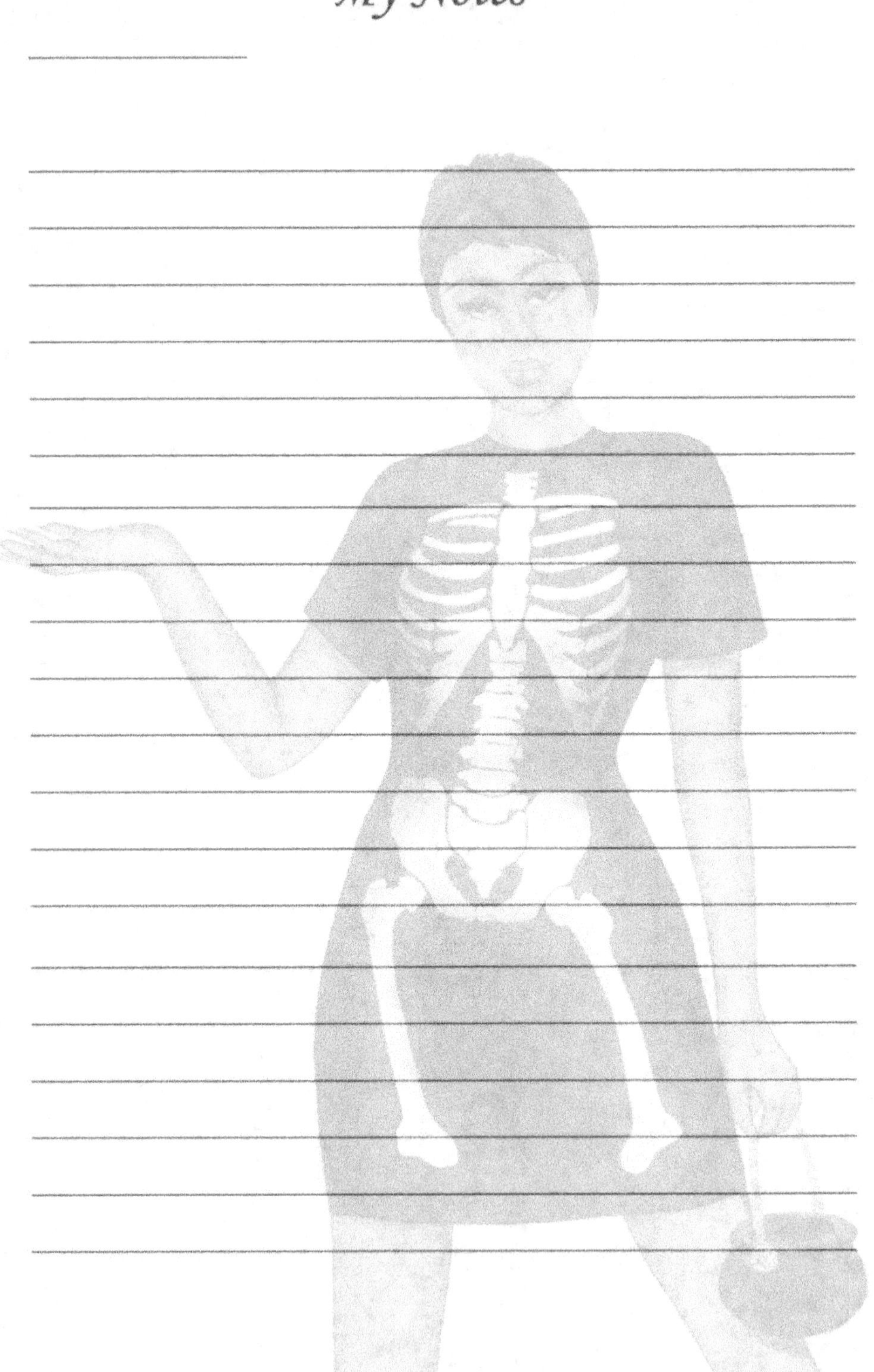

My Notes

My Notes

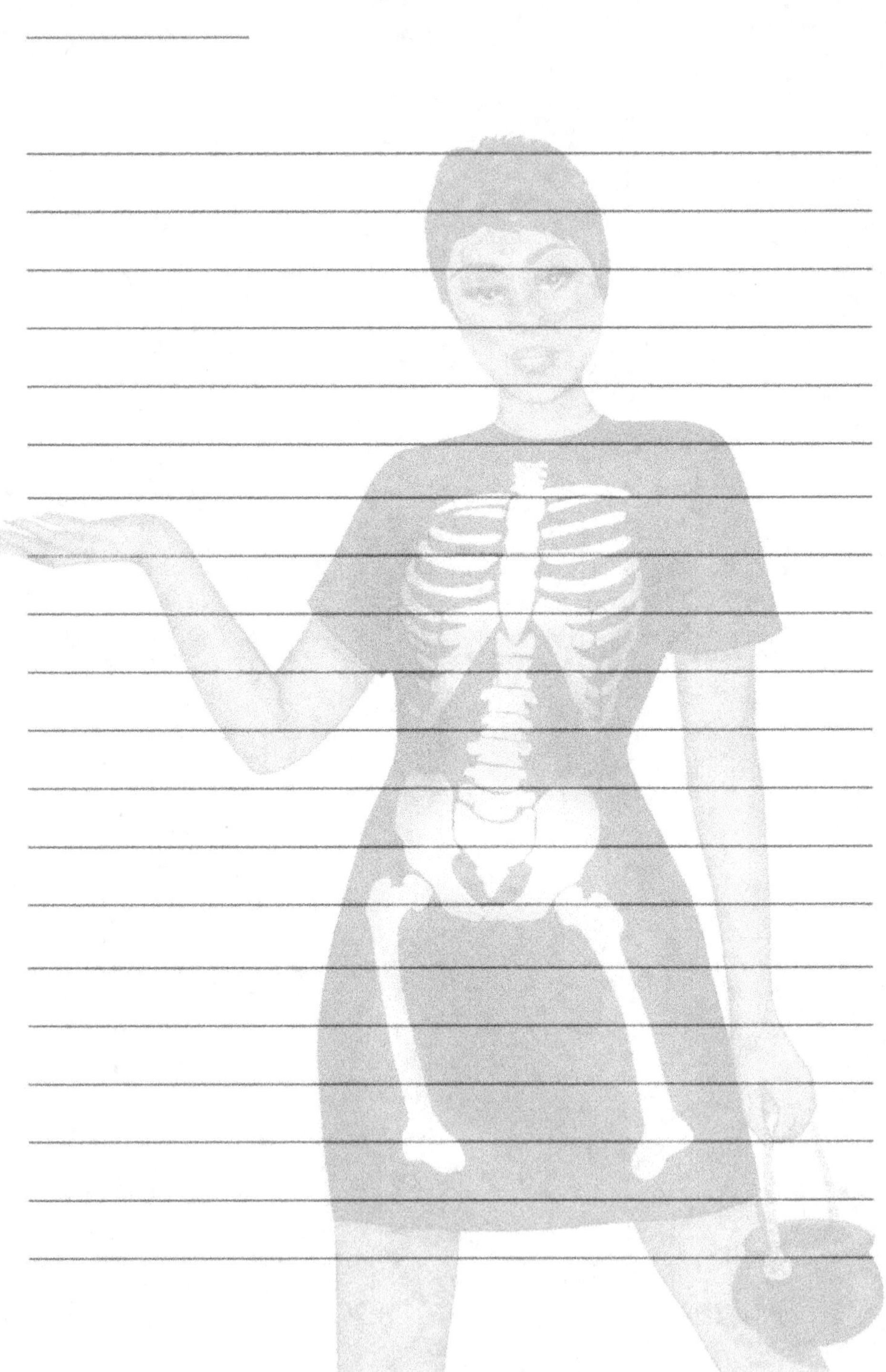

My Notes

My Notes

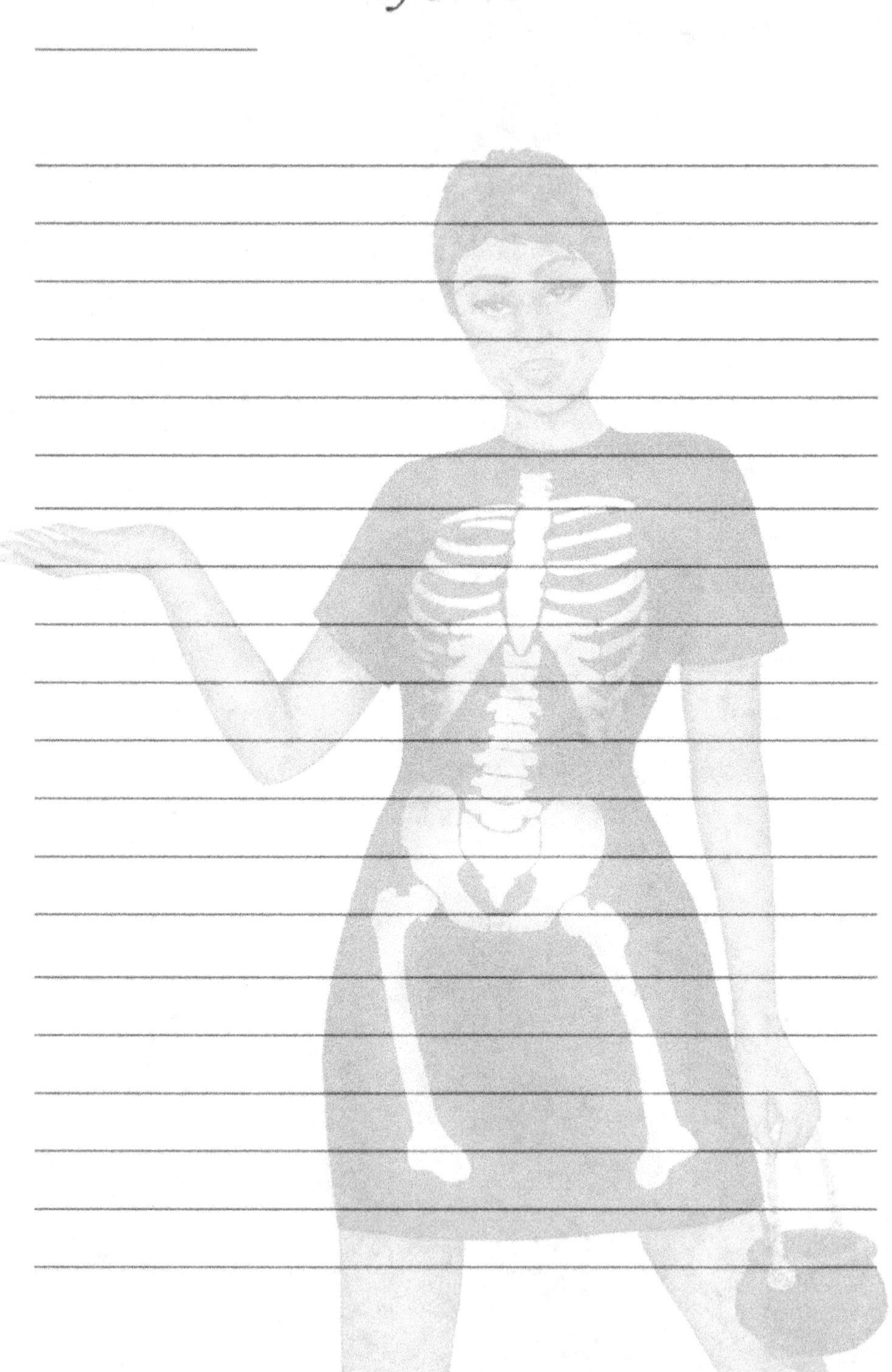

My Notes

My Notes

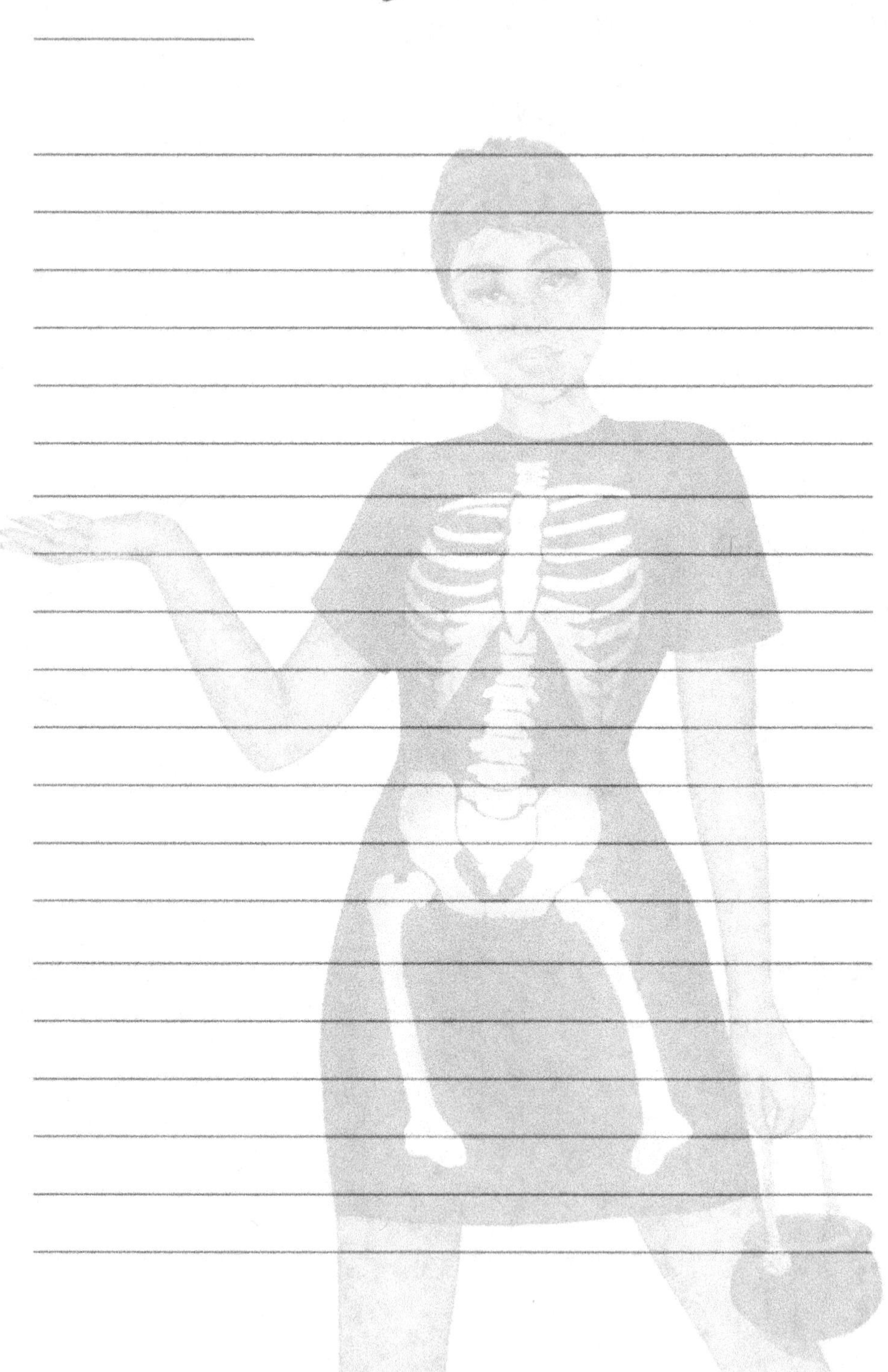

My Notes

My Notes

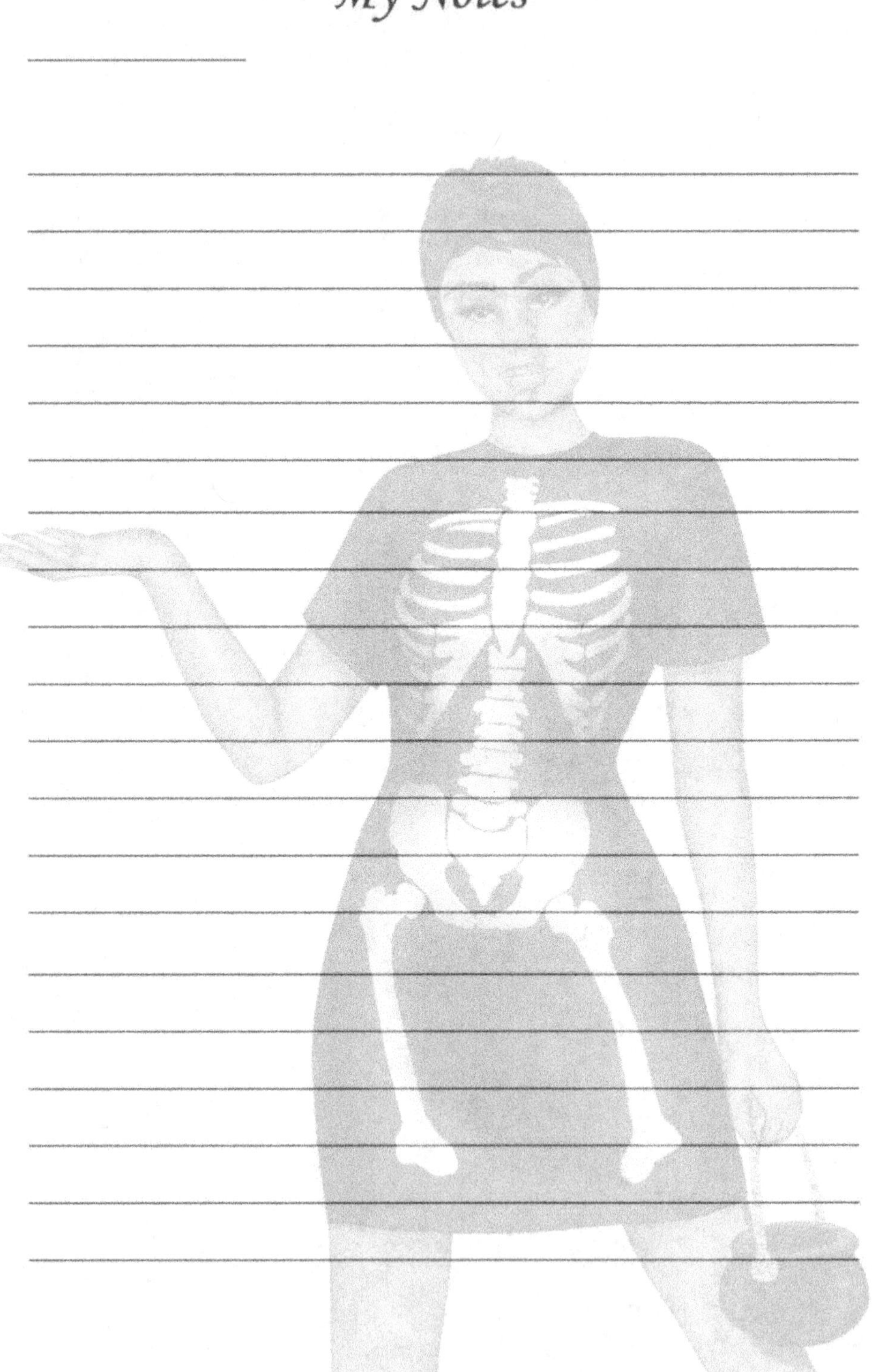

My Notes

My Notes

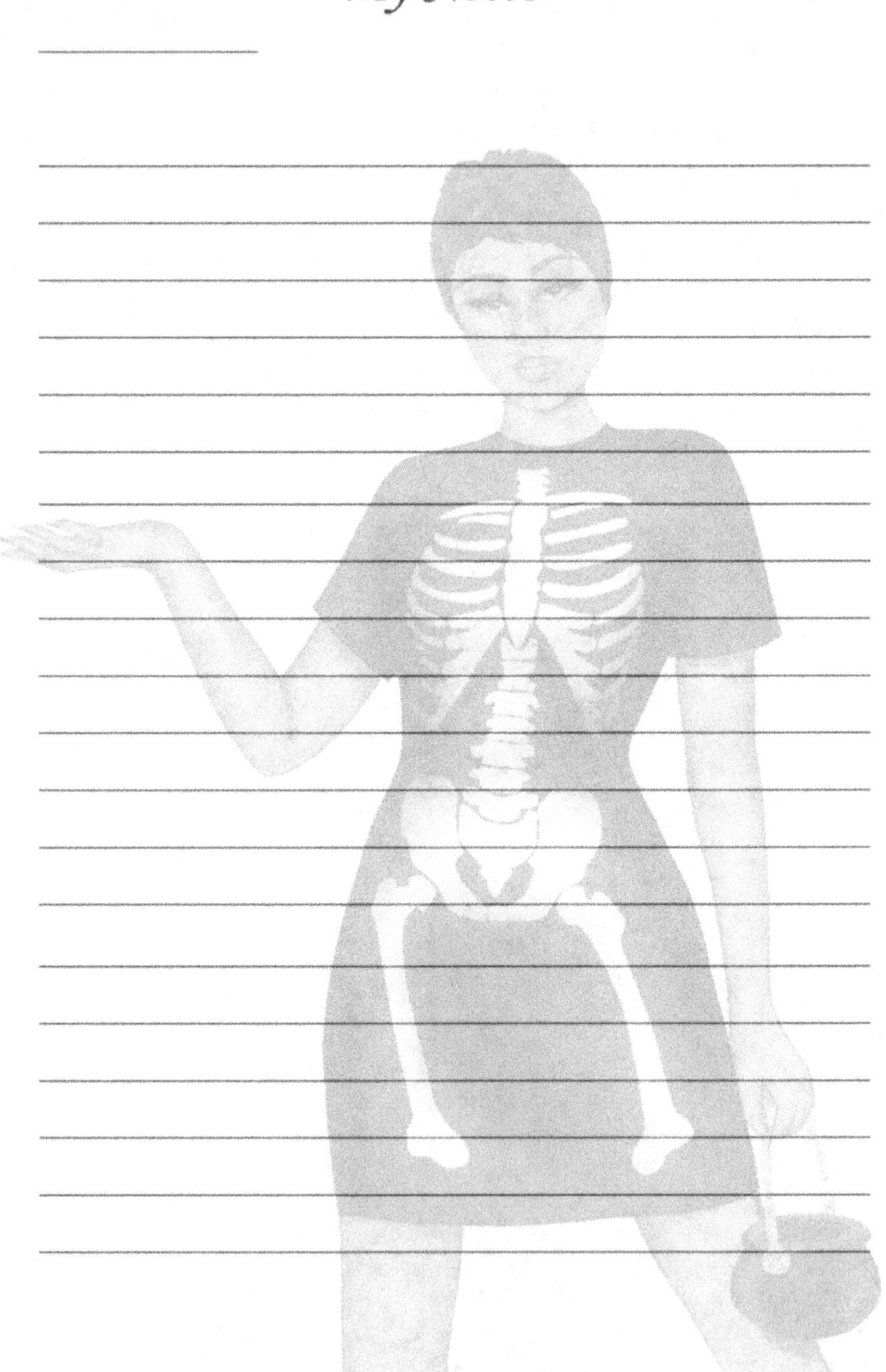

My Notes

My Notes

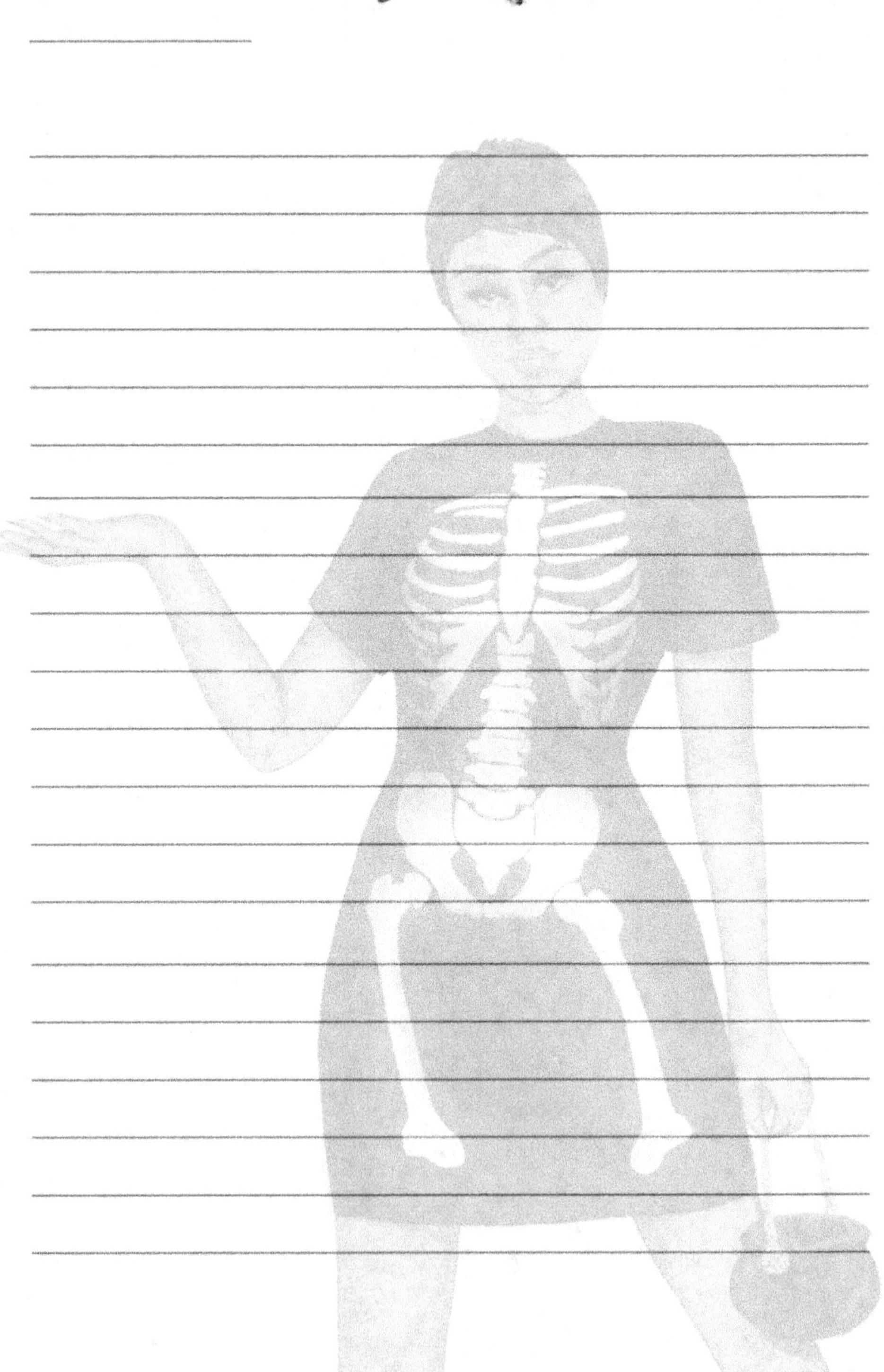

My Notes

My Notes

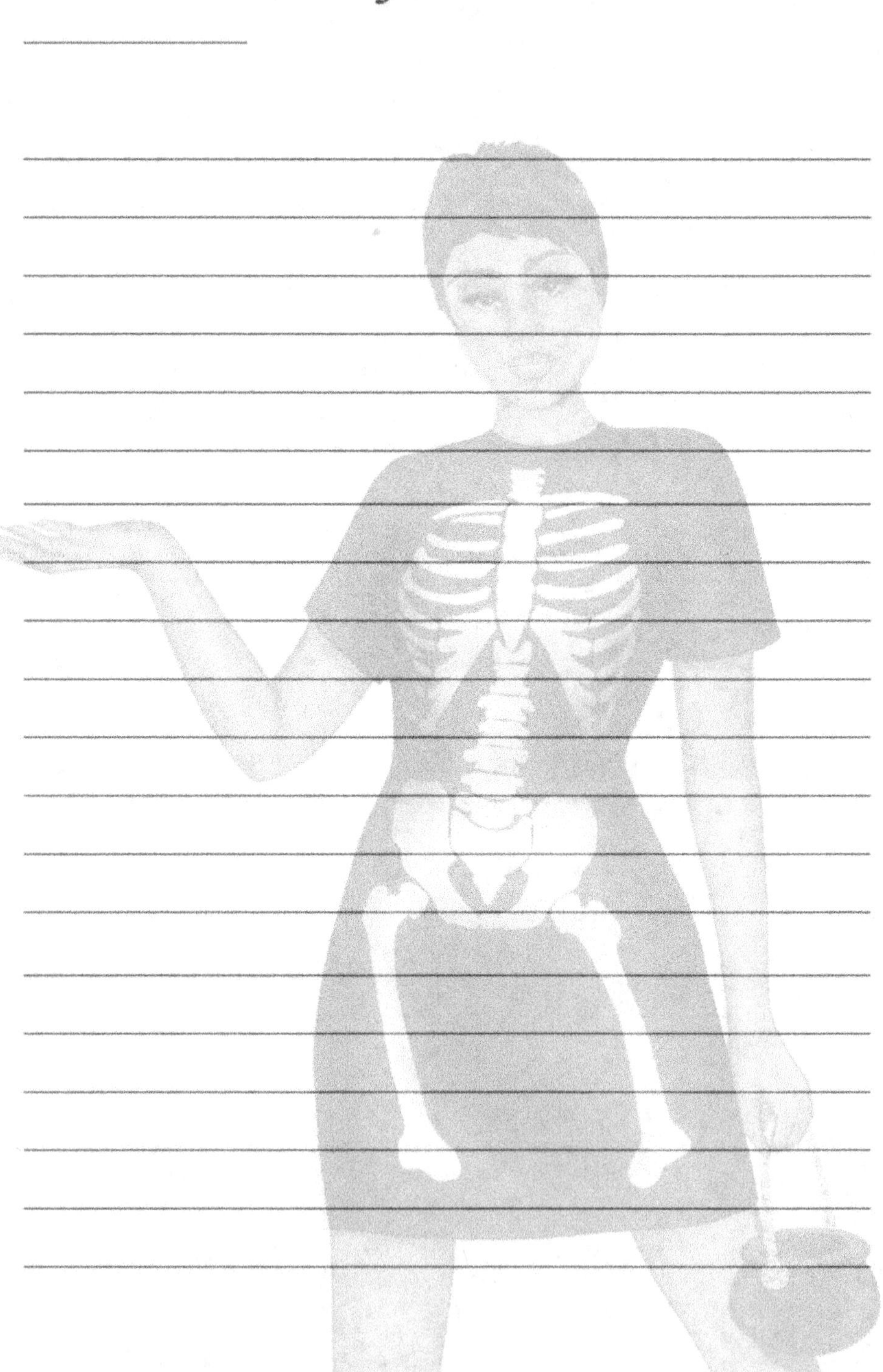

My Notes

My Notes

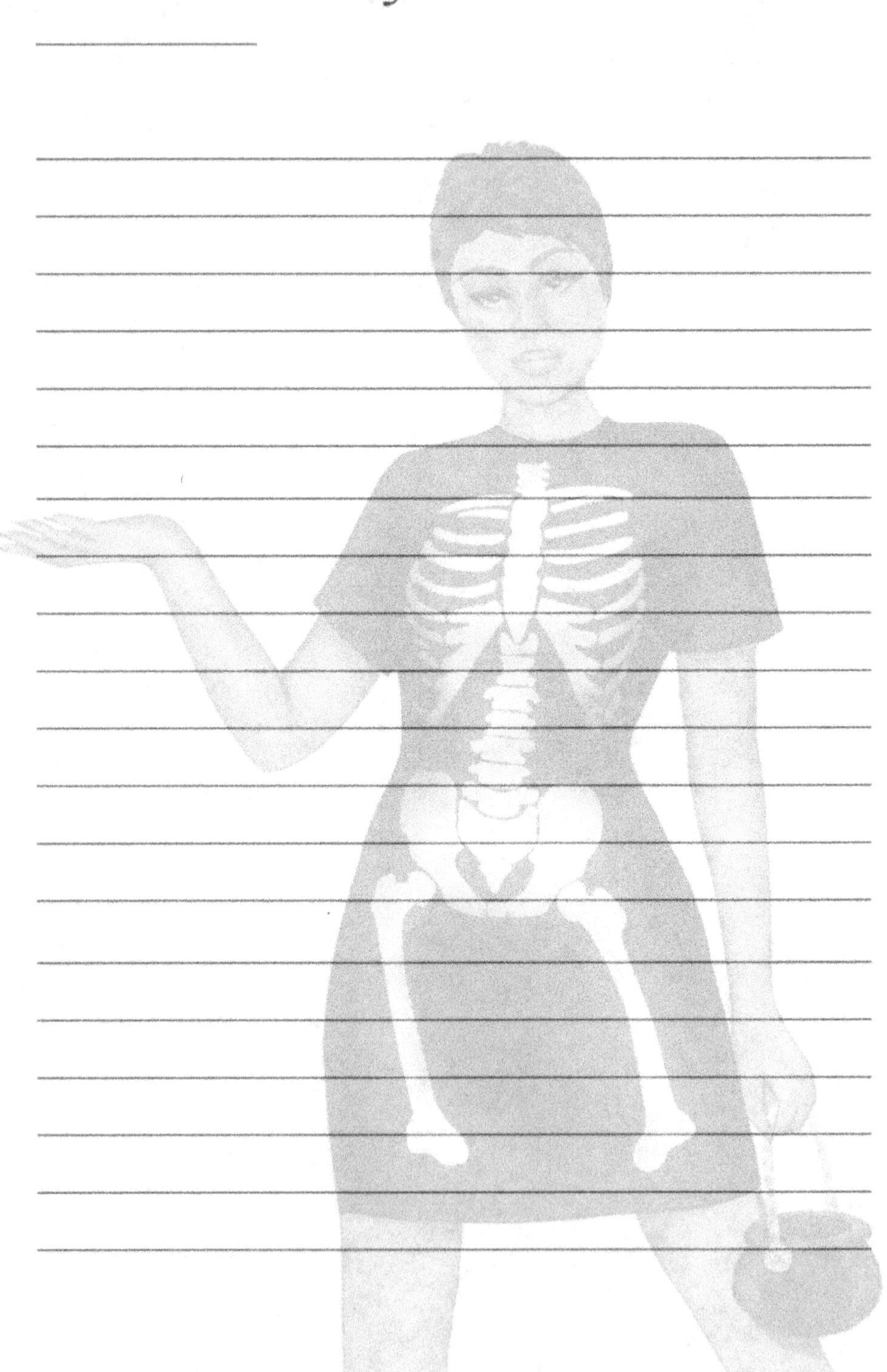

My Notes

My Notes

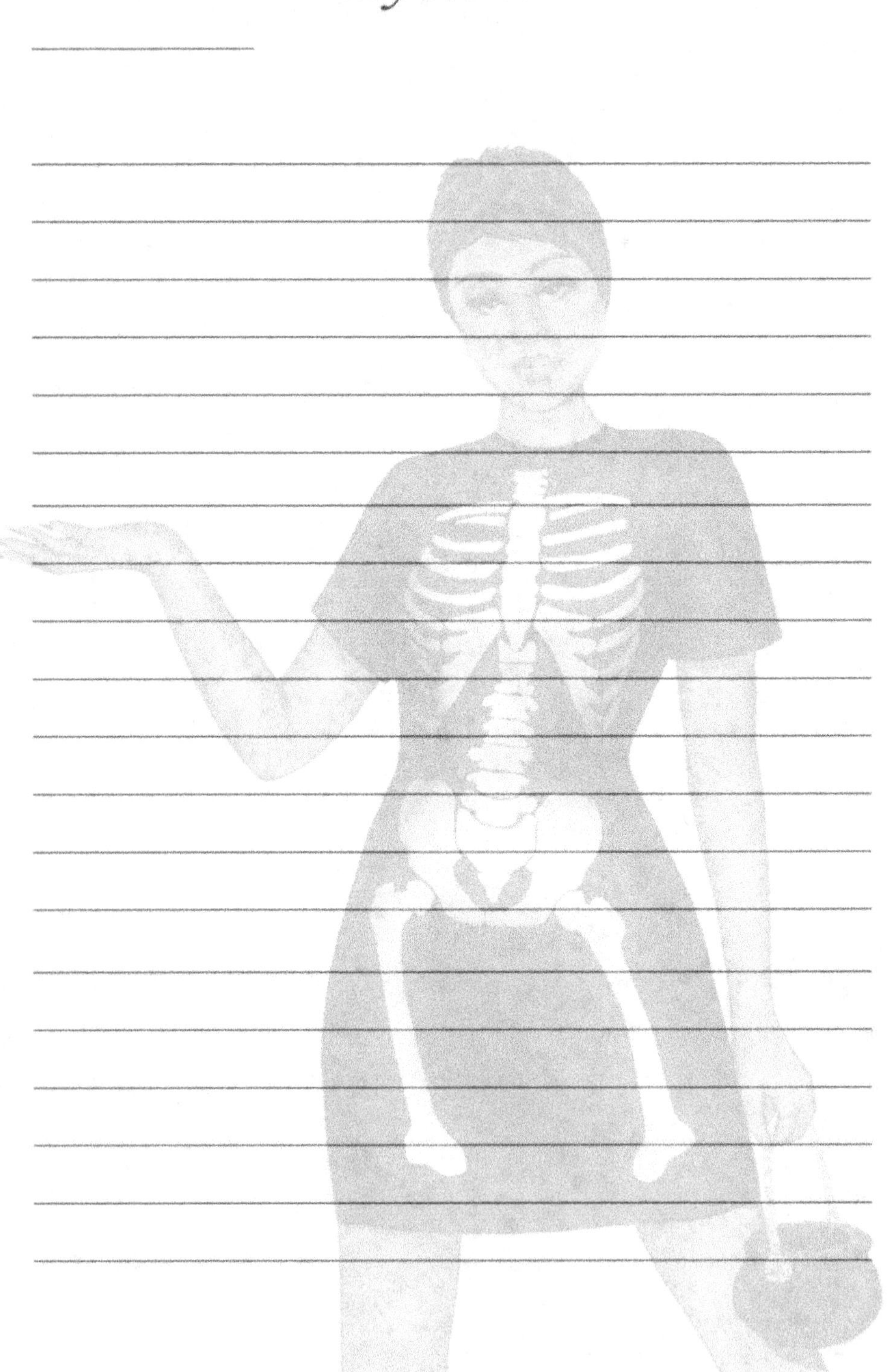

My Notes

My Notes

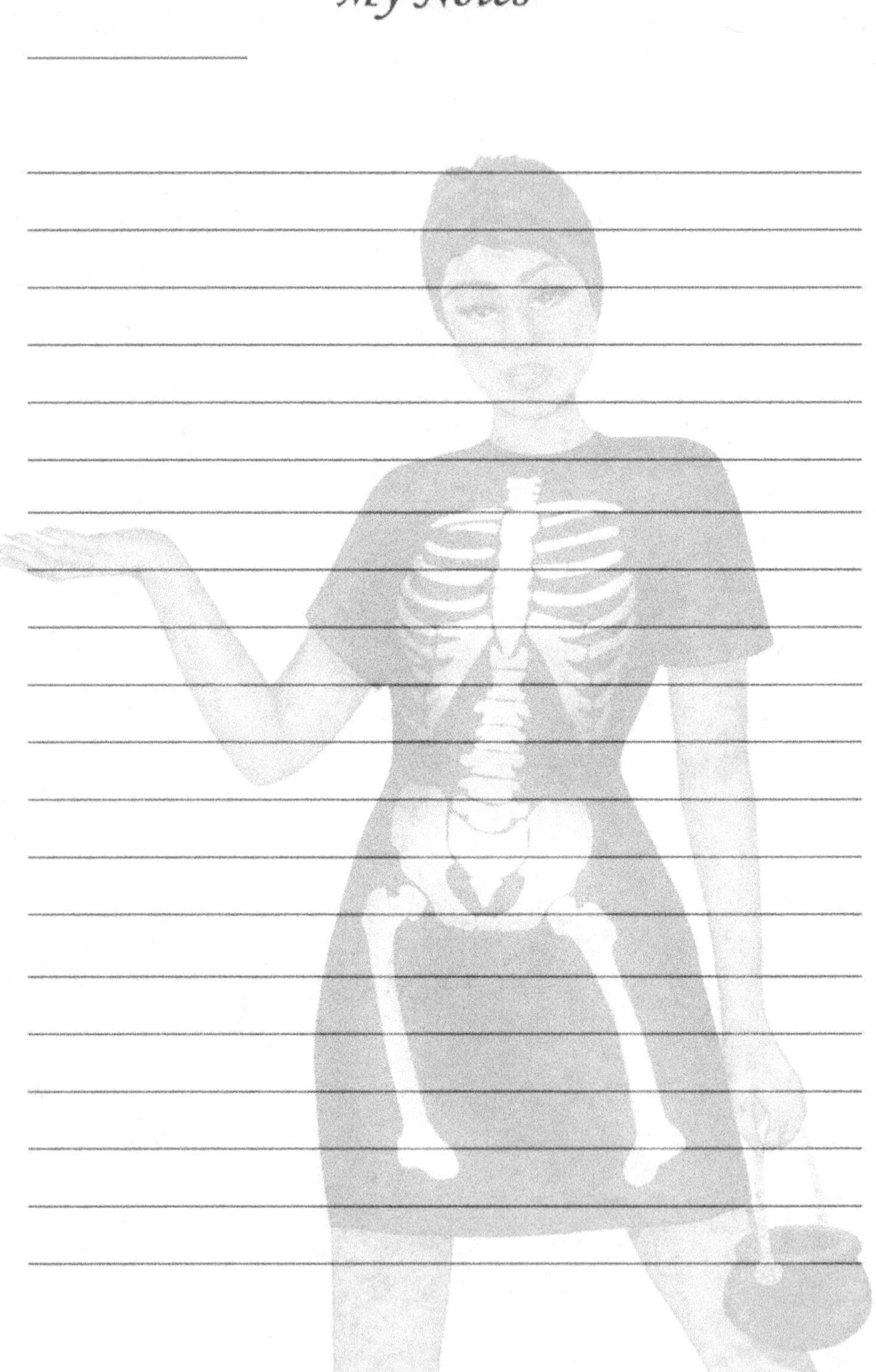

My Notes

My Notes

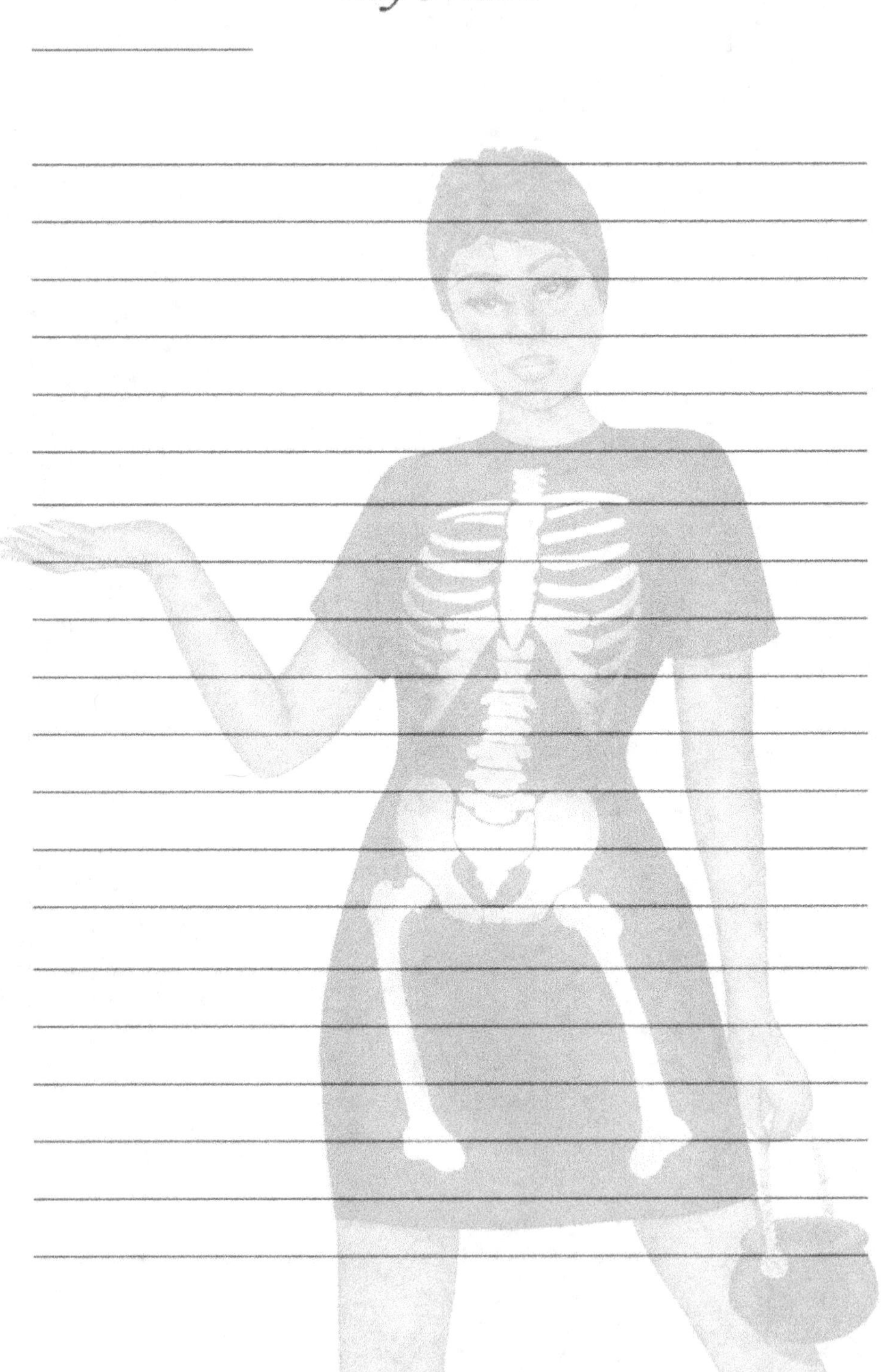

My Notes

My Notes

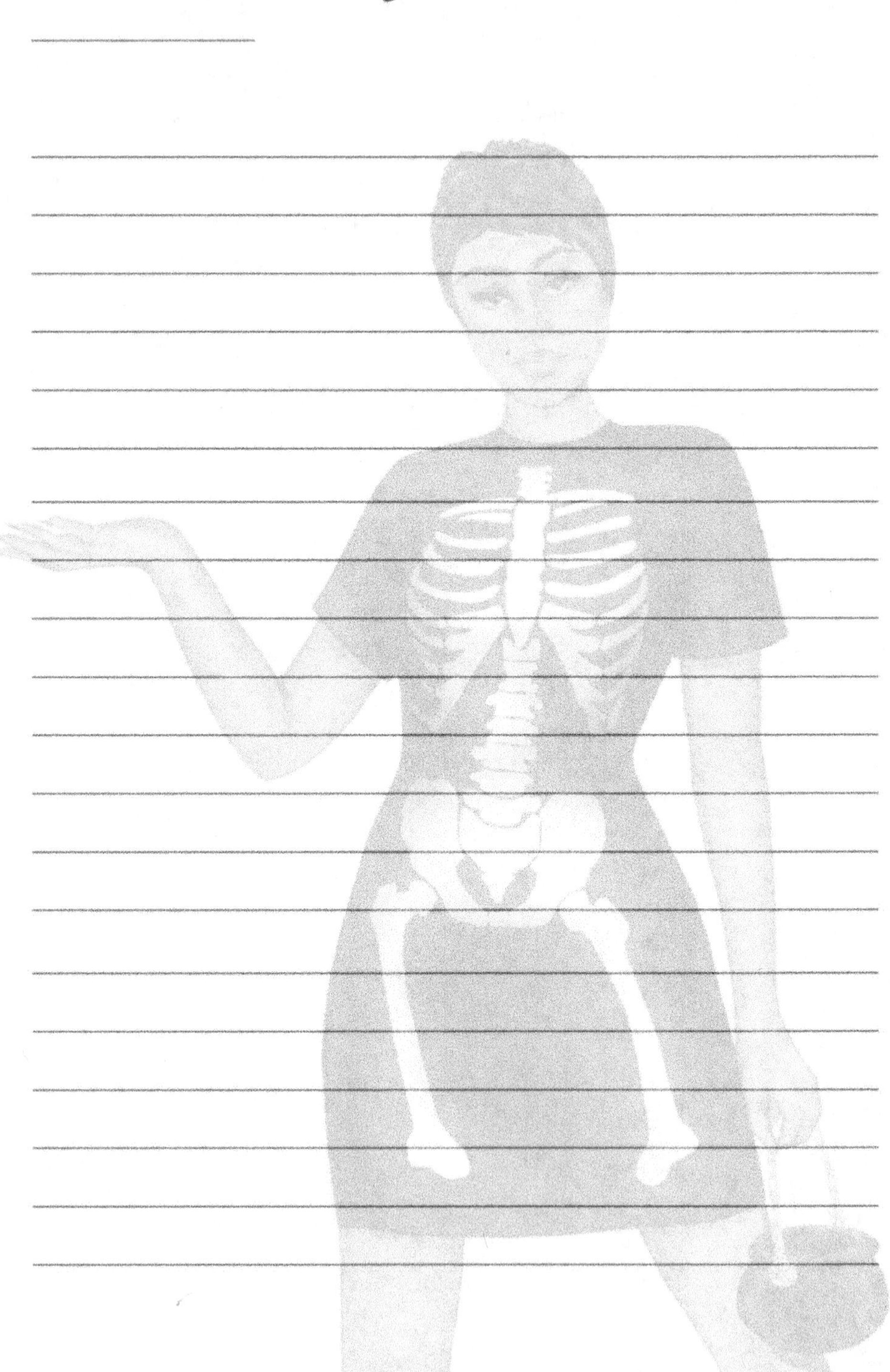

My Notes

My Notes

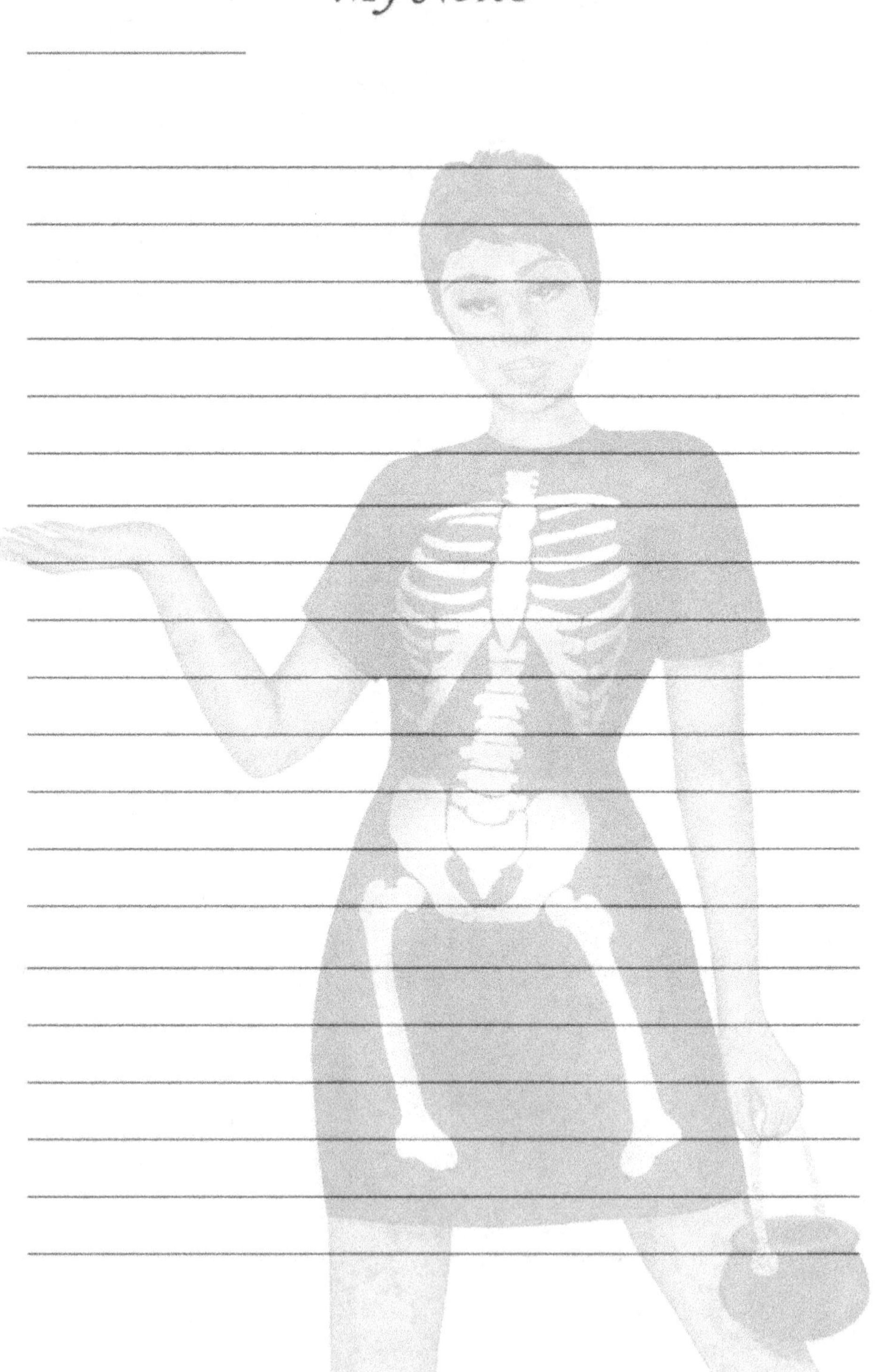

My Notes

My Notes

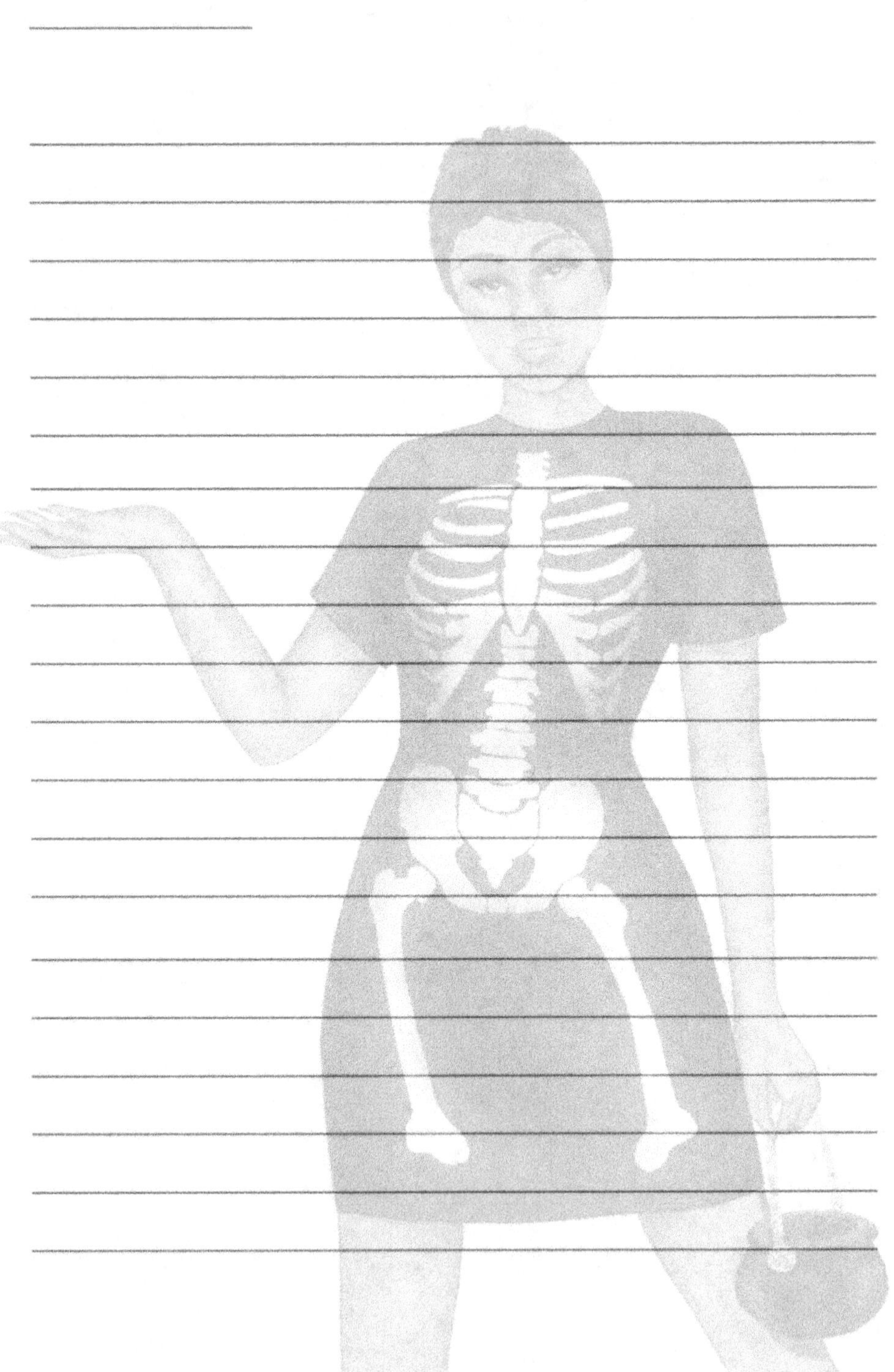

My Notes

My Notes

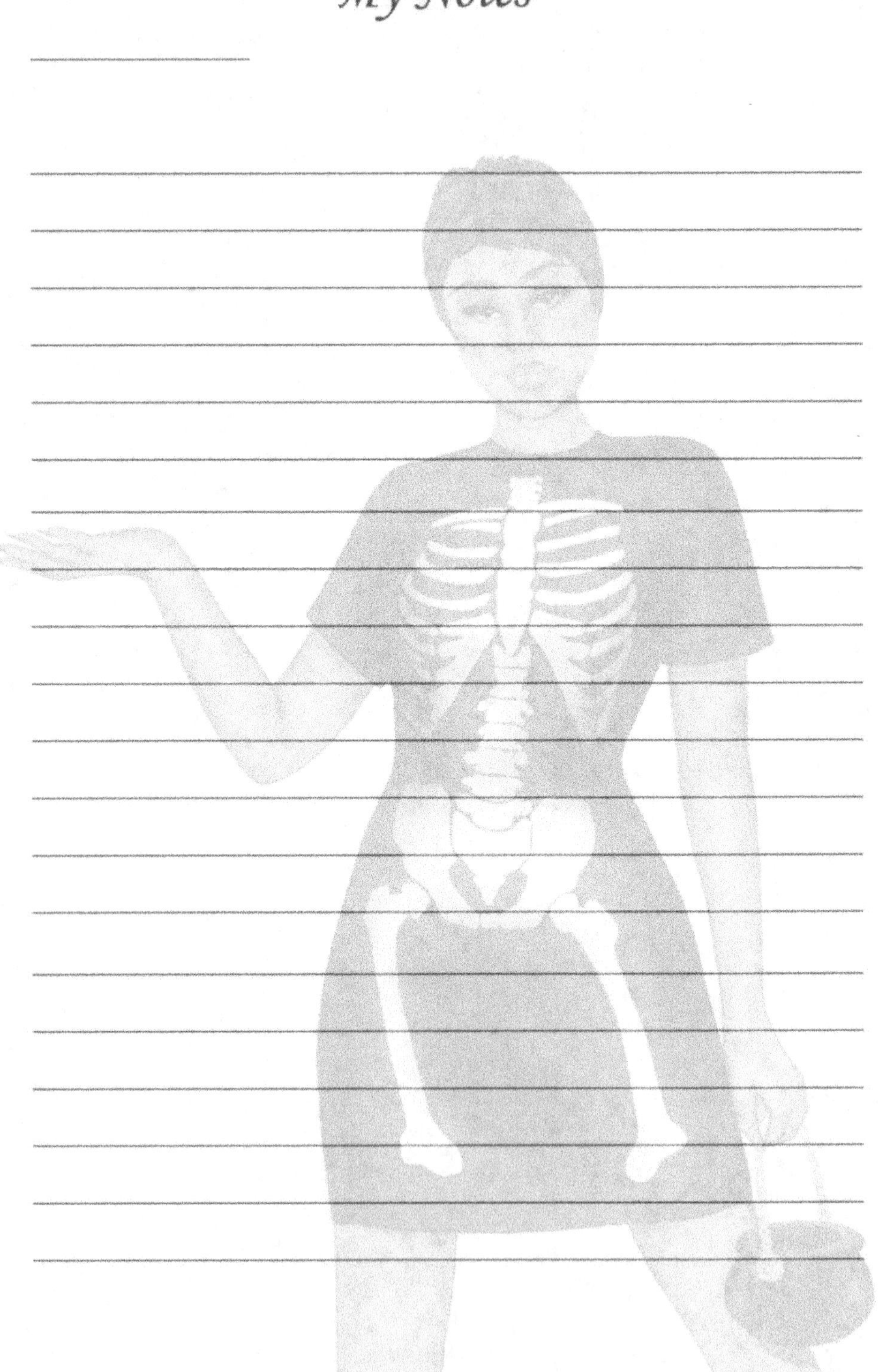

My Notes

My Notes

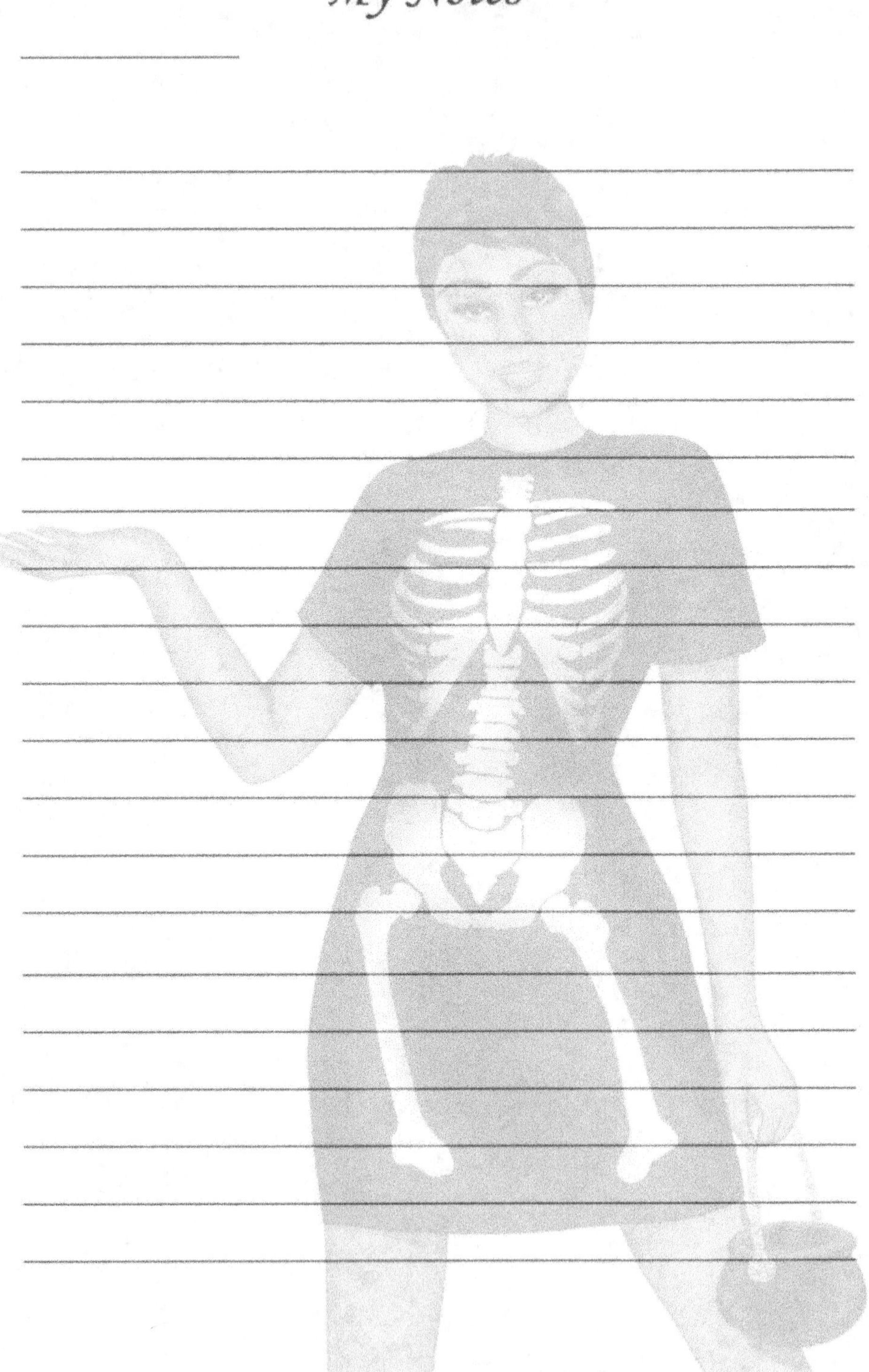

My Notes

My Notes

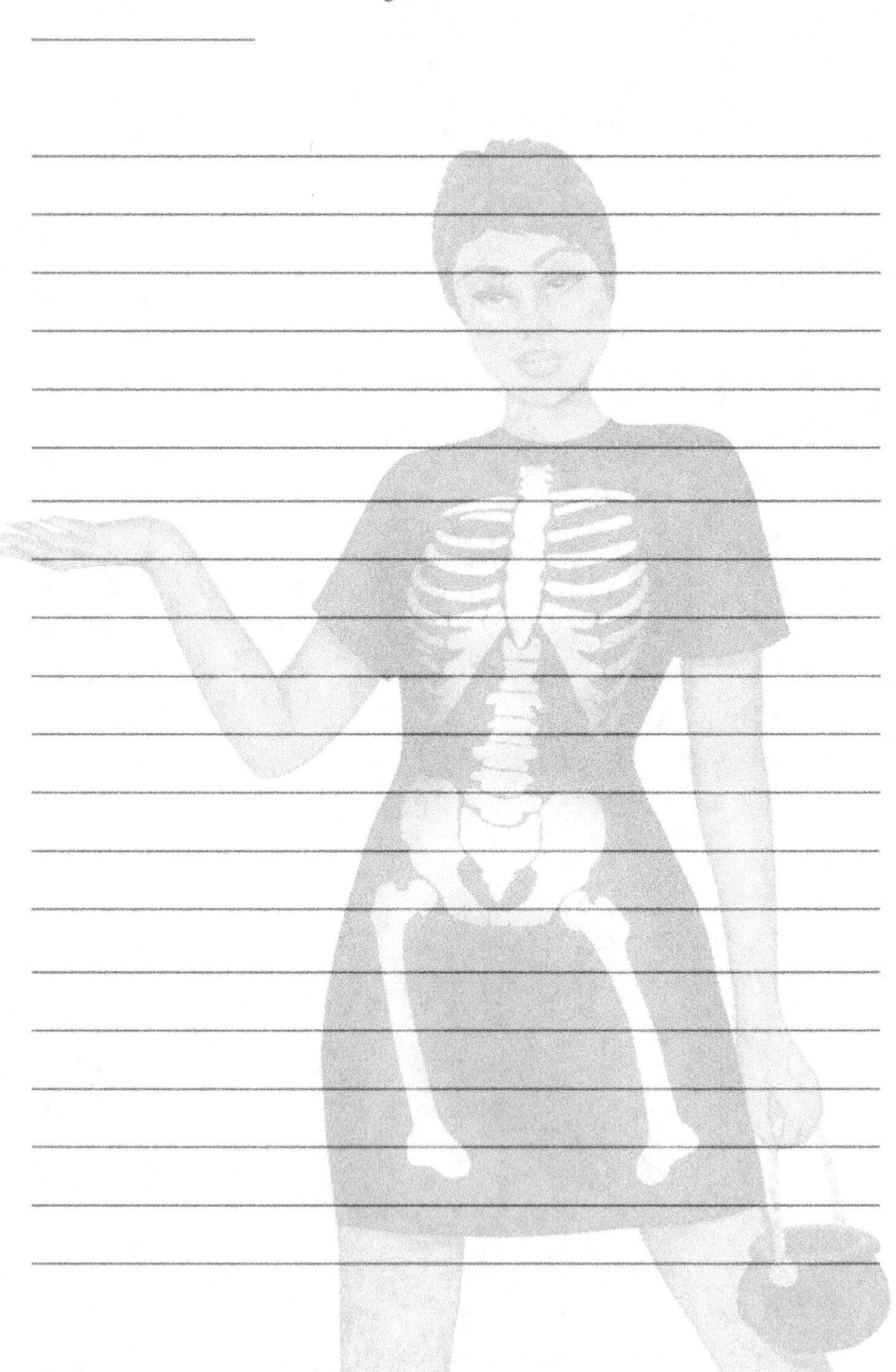

My Notes

My Notes

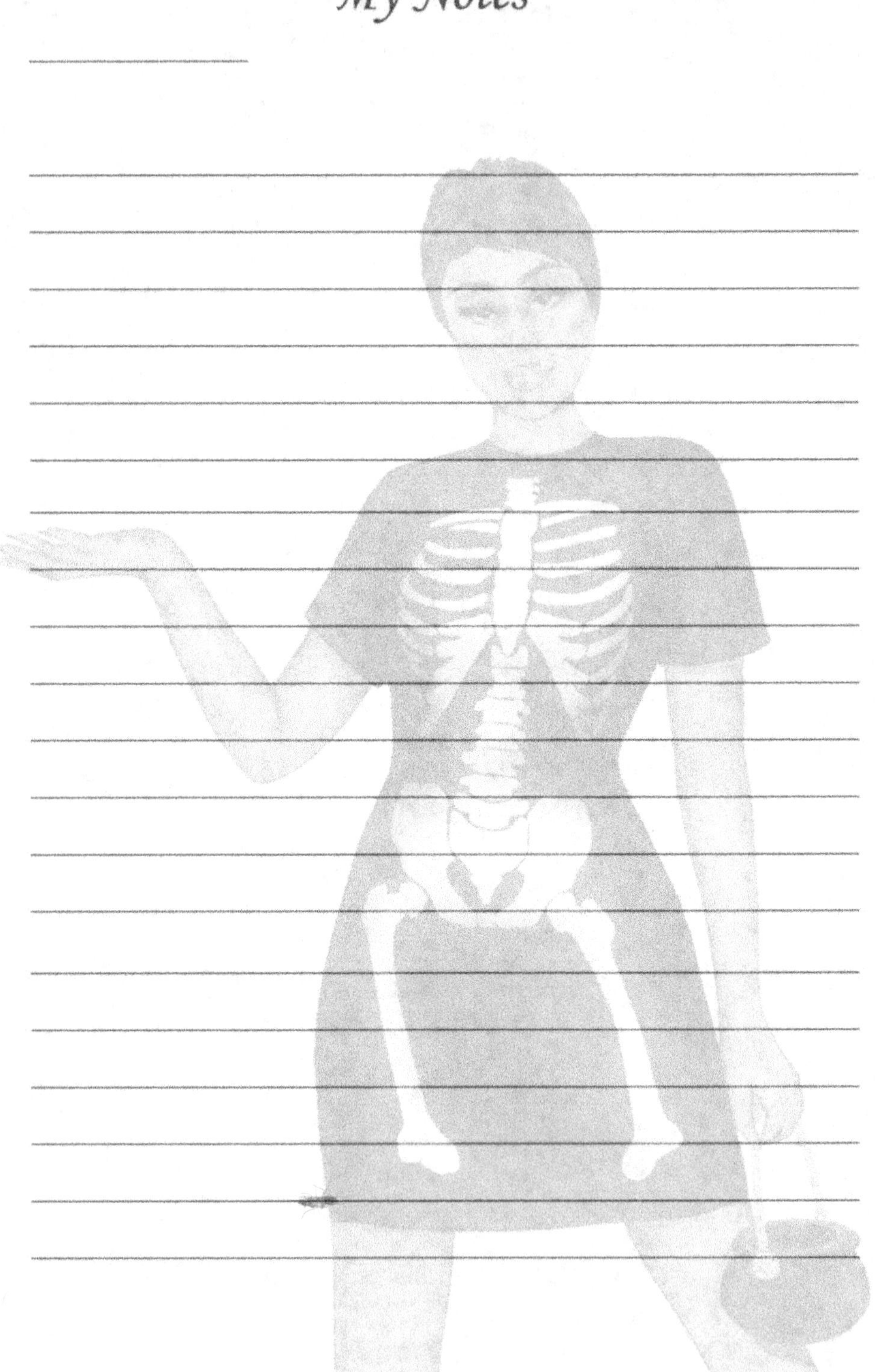

My Notes

My Notes

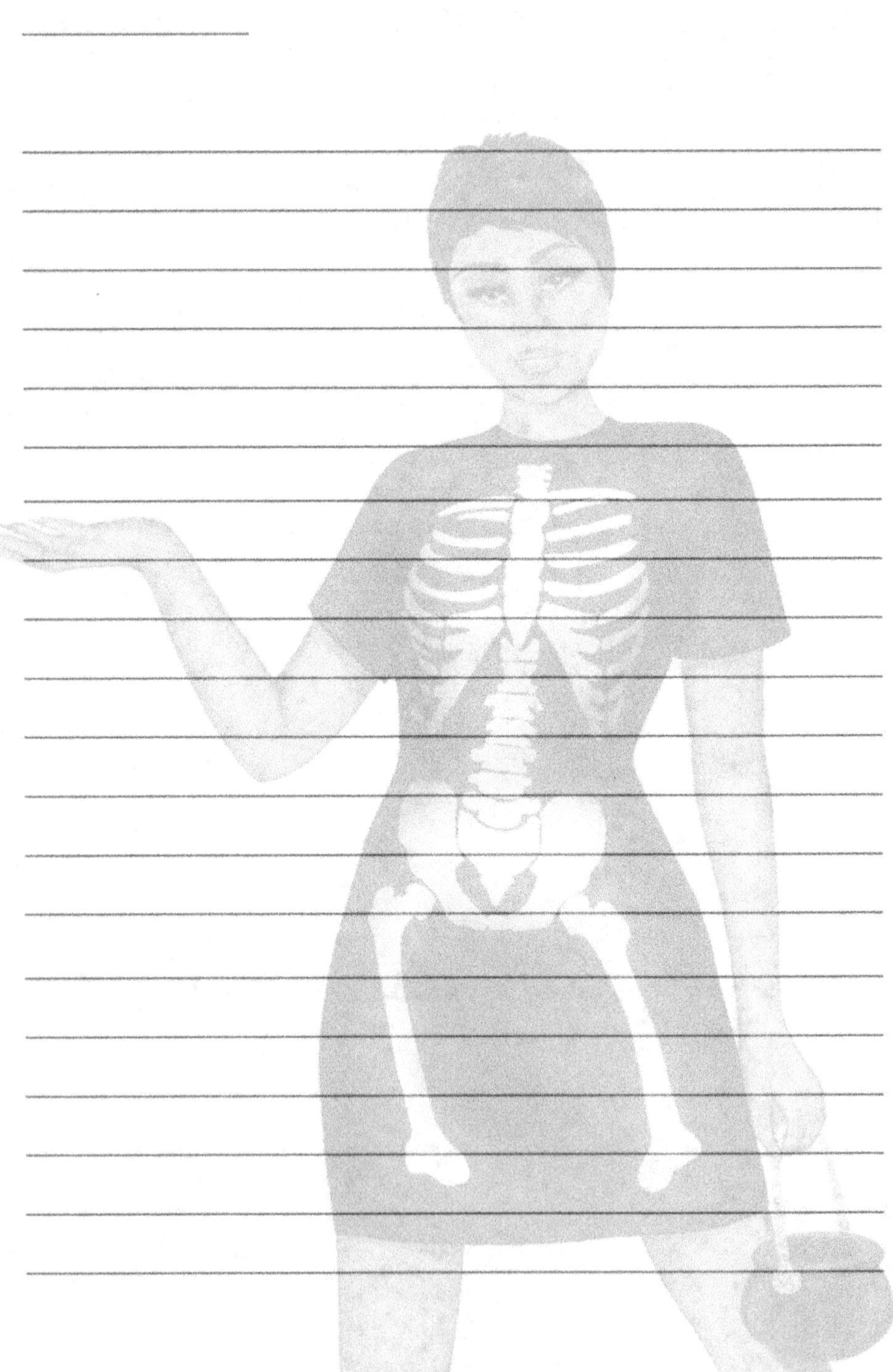

My Notes

My Notes

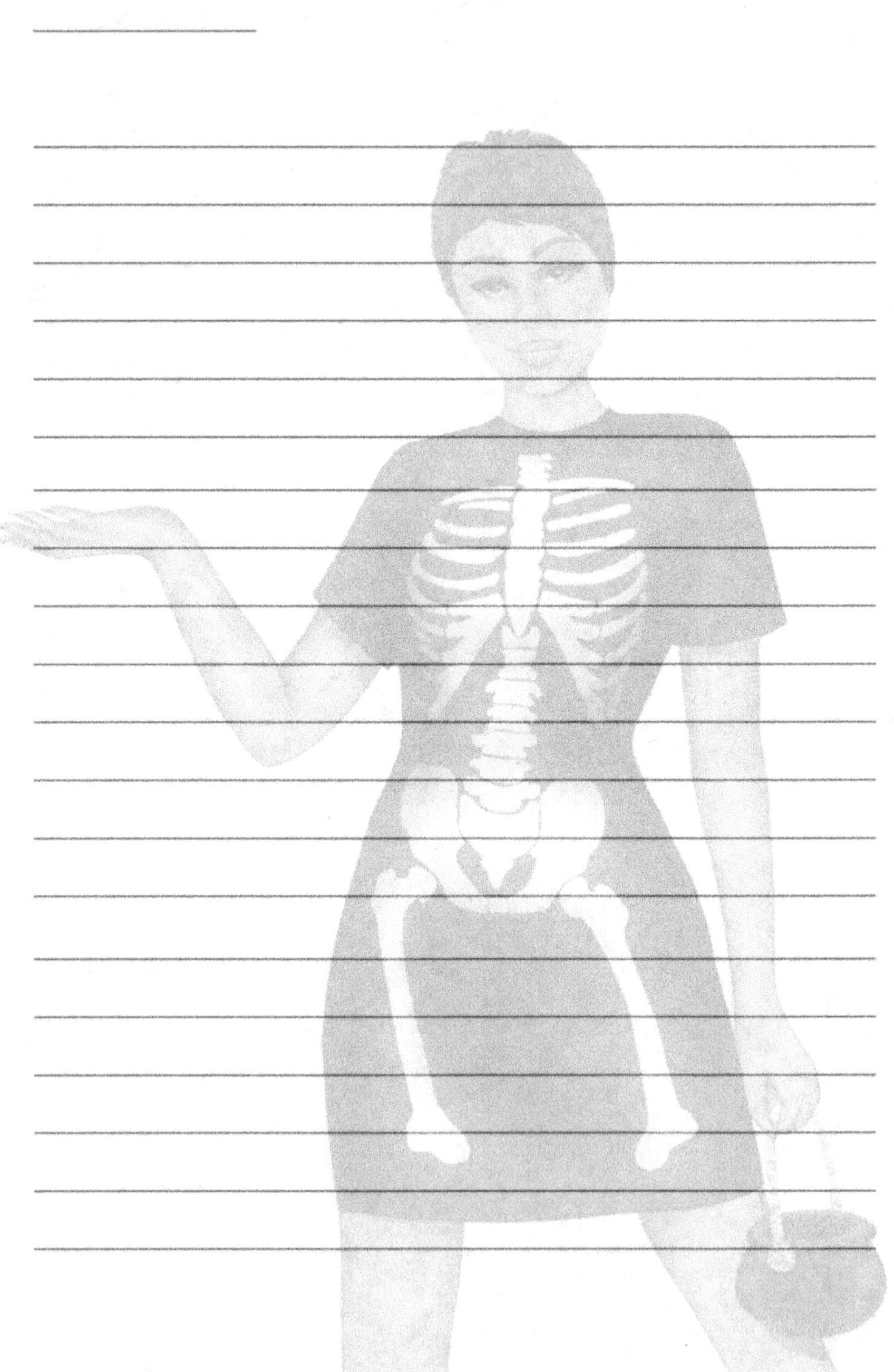

My Notes

My Notes

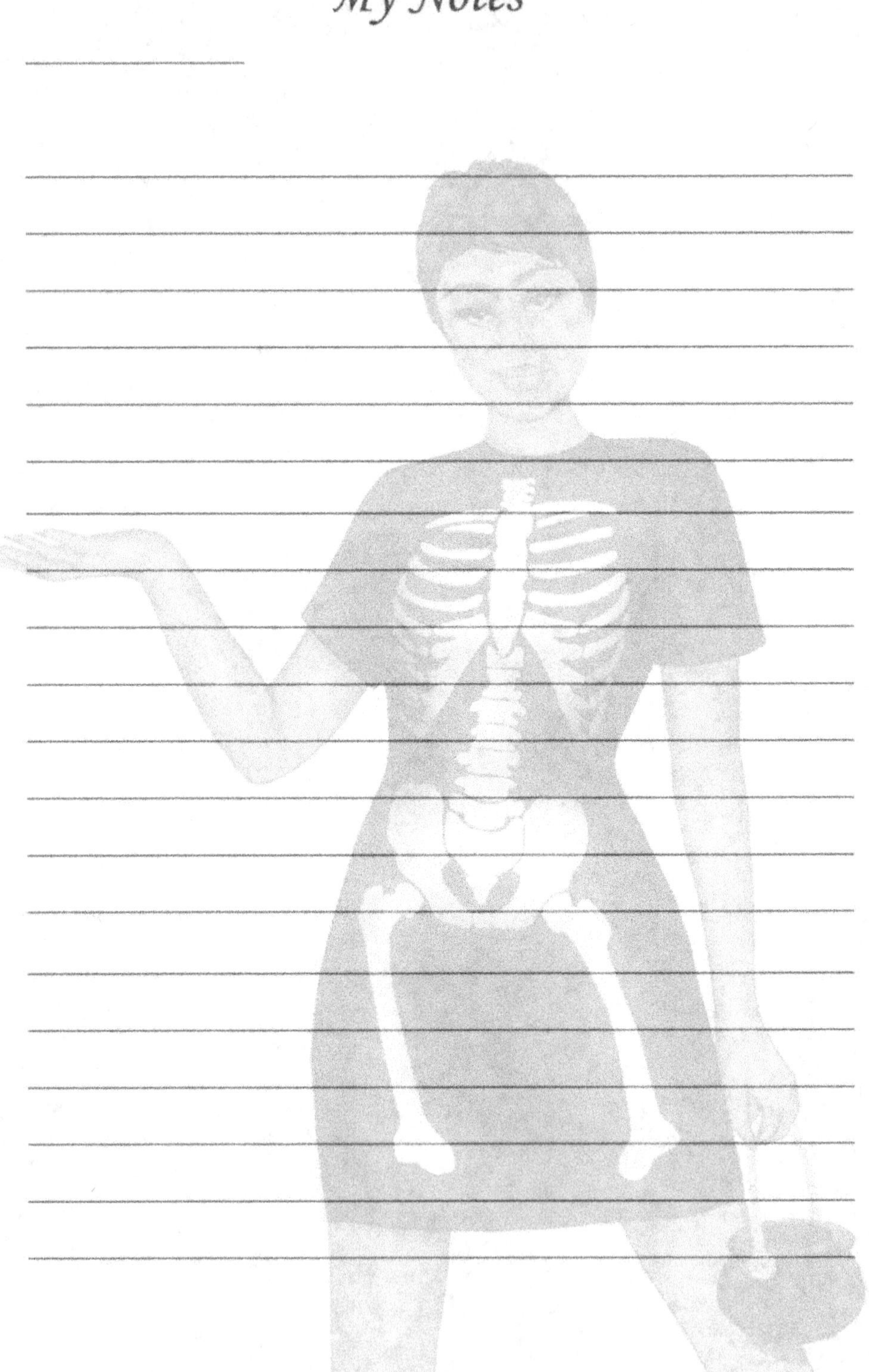

My Notes

My Notes

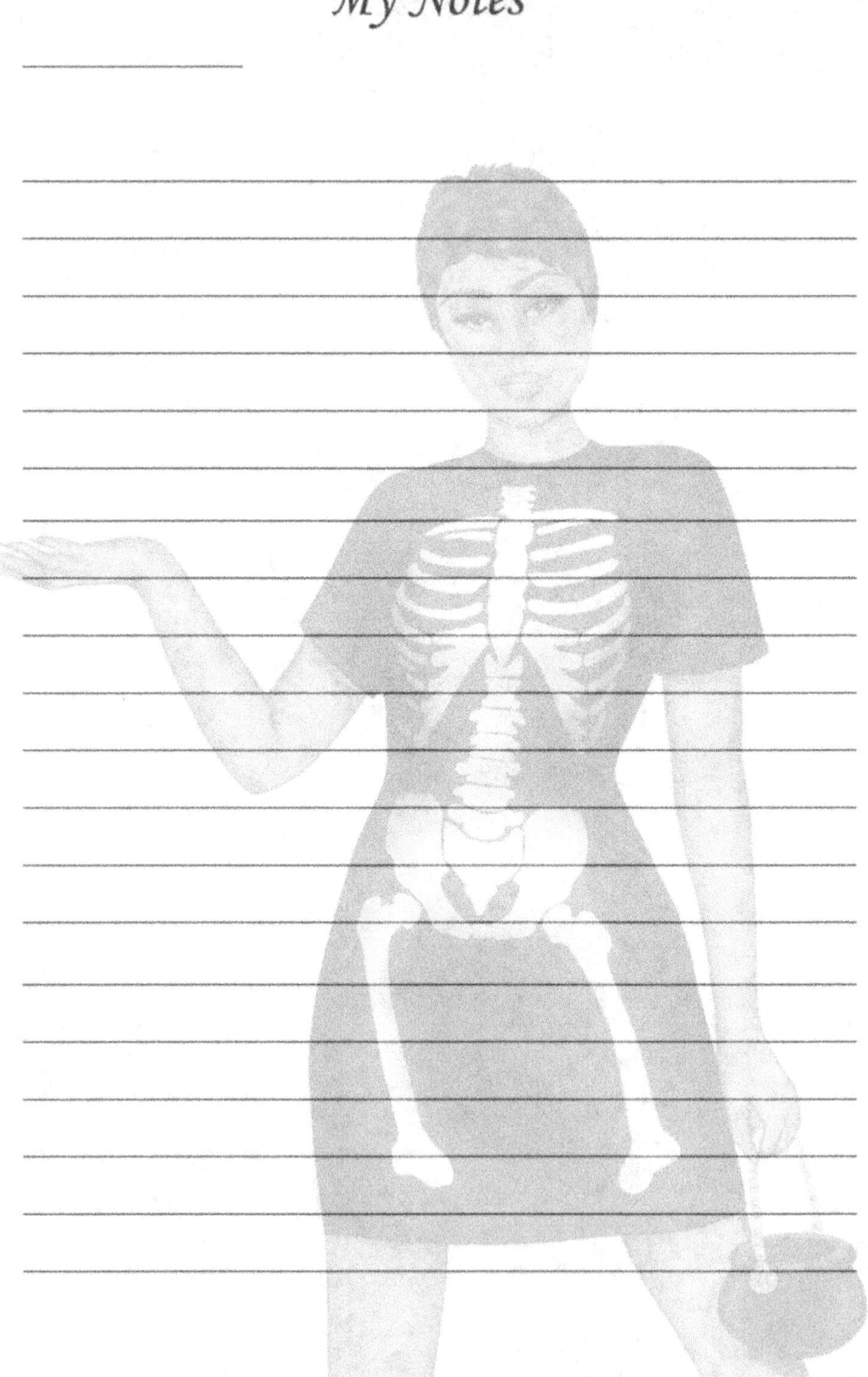

My Notes

My Notes

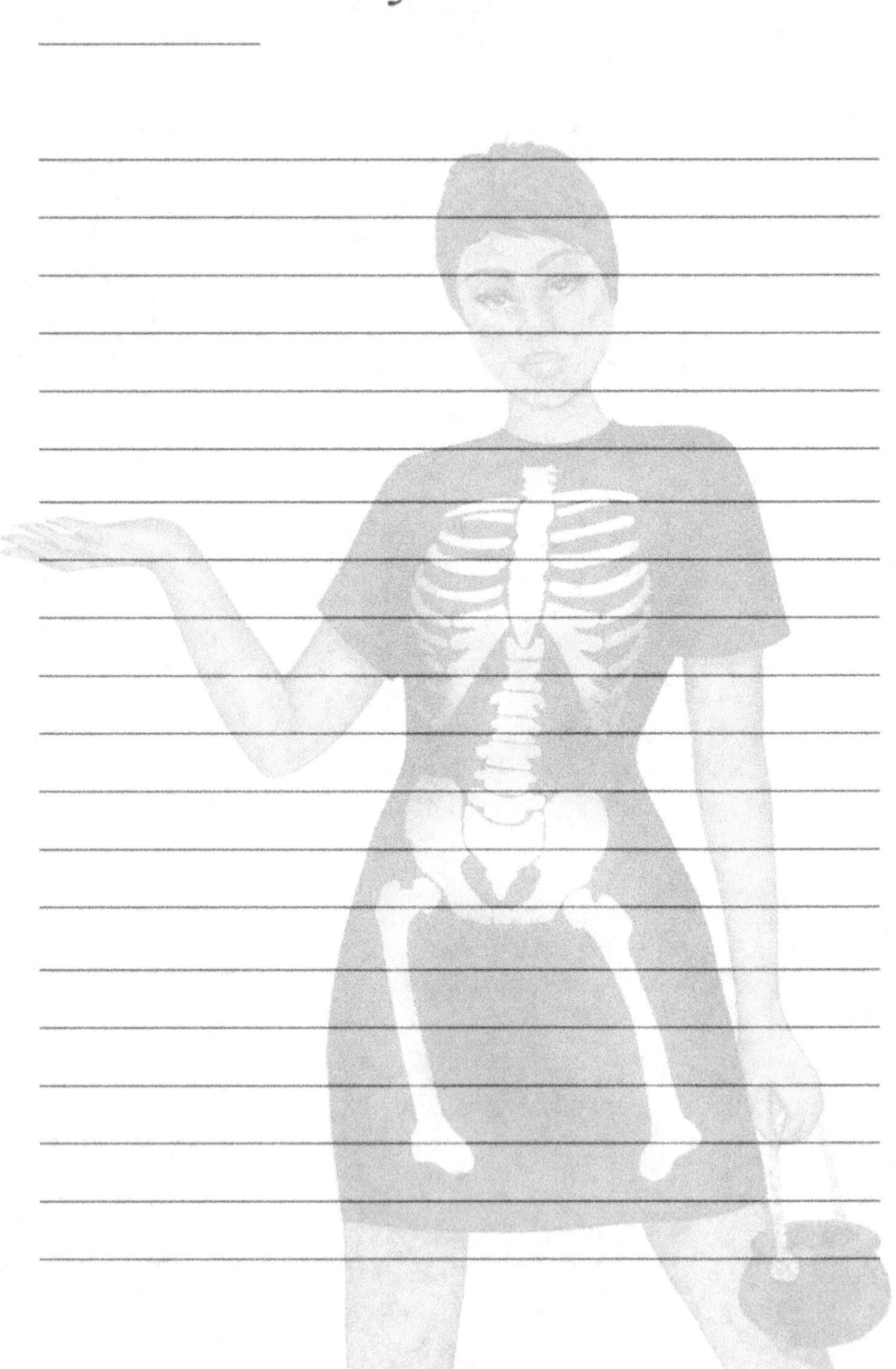

My Notes

My Notes

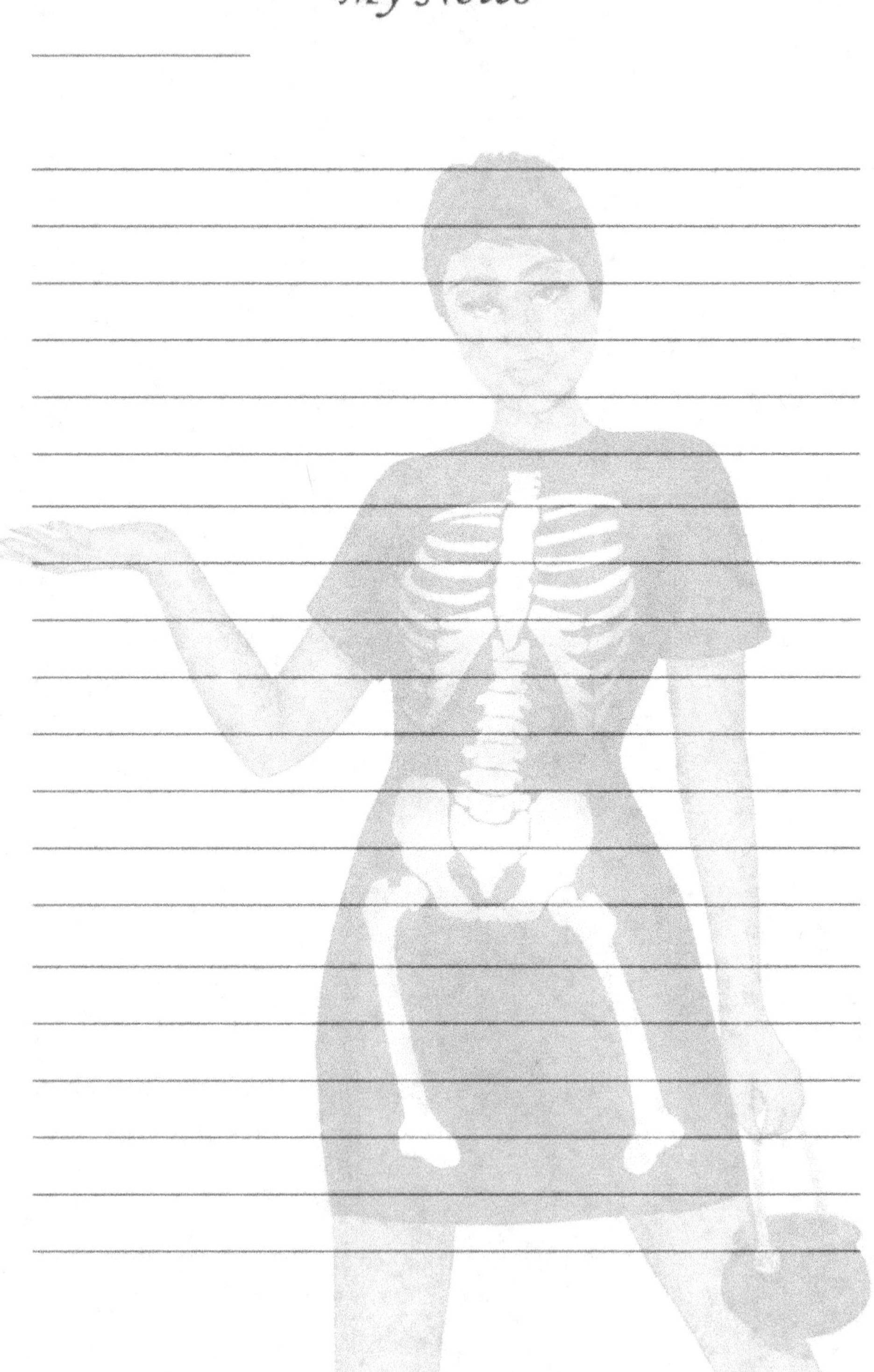

My Notes

My Notes

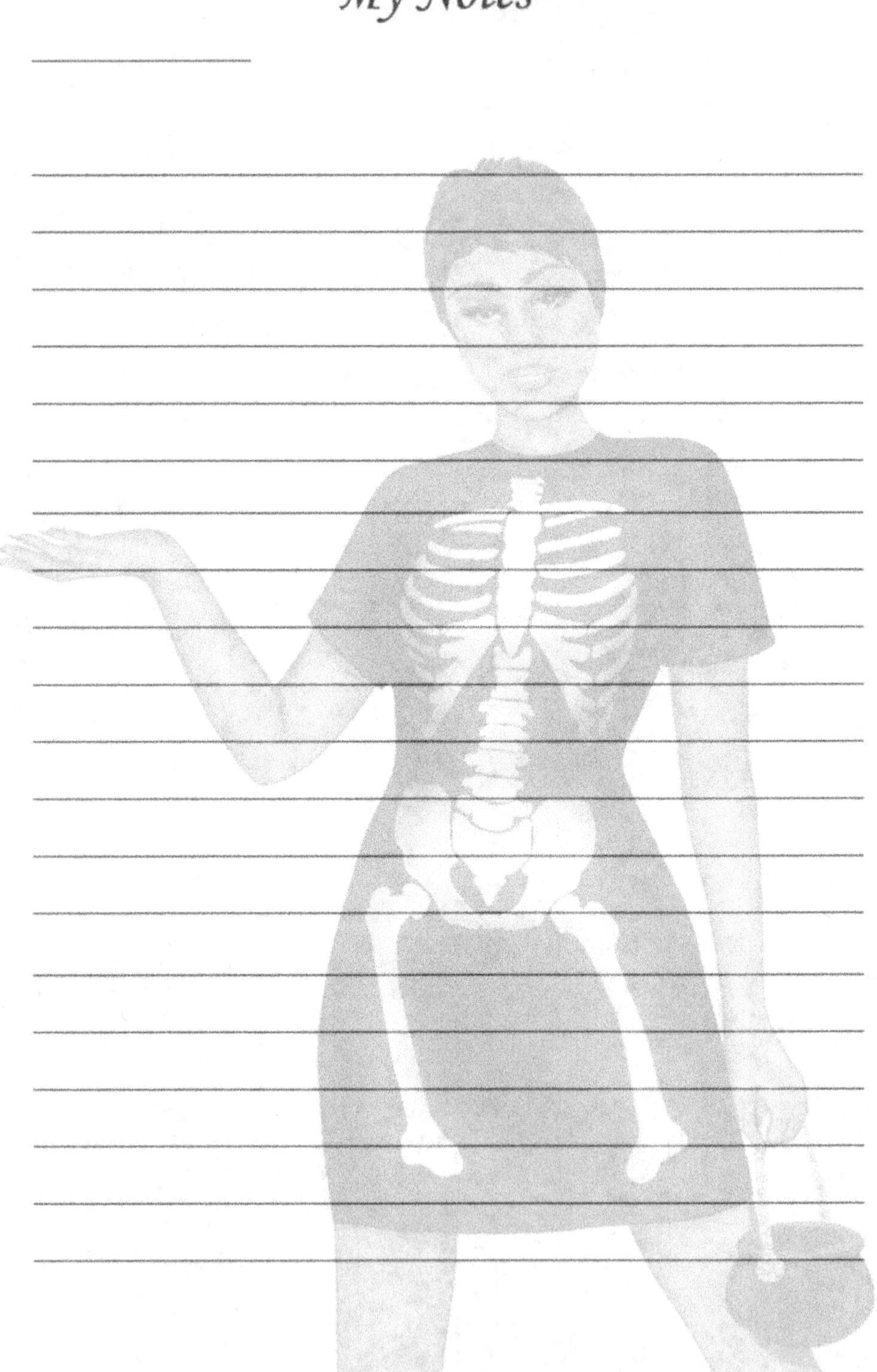

My Notes

My Notes

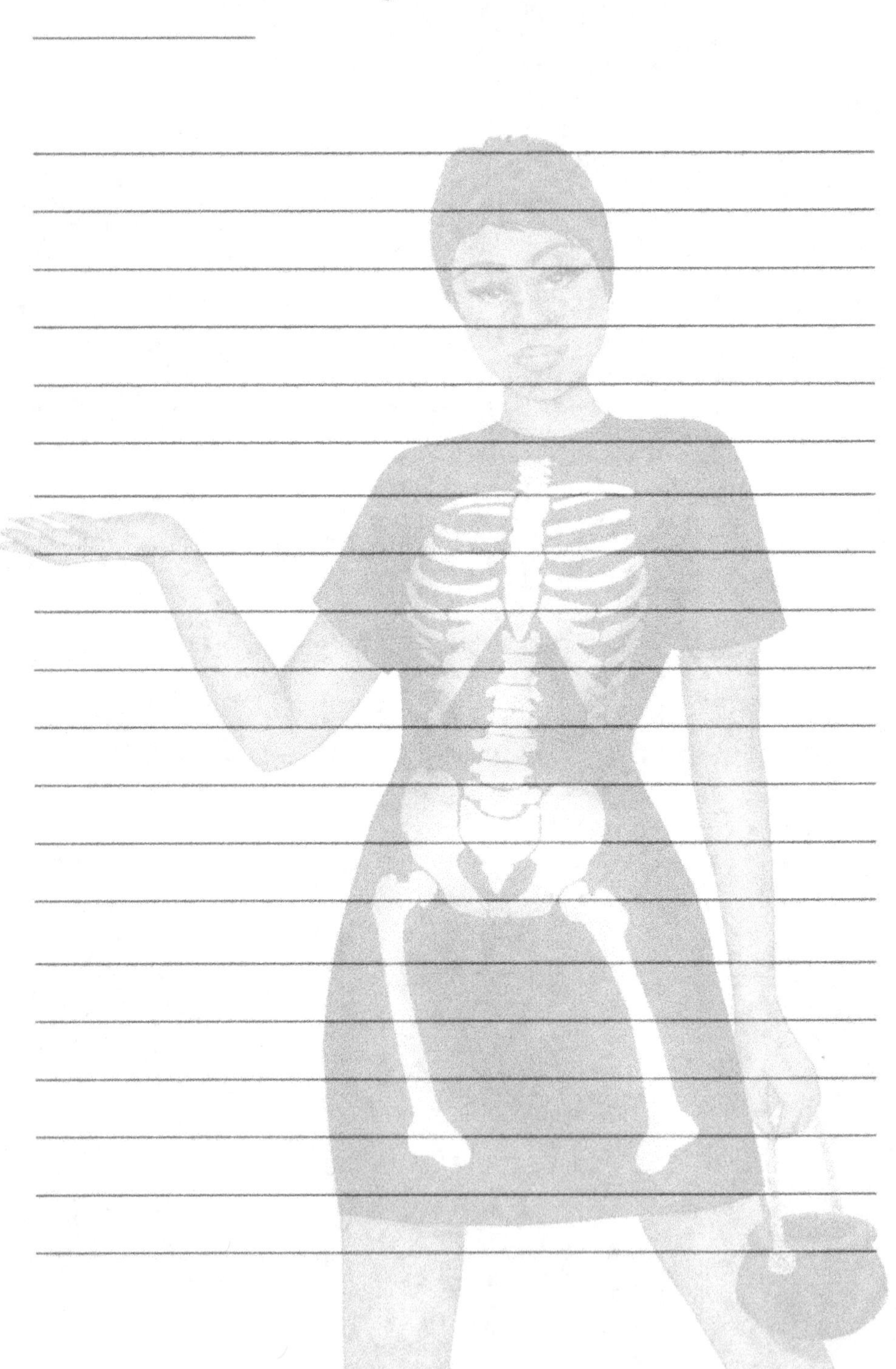

My Notes

My Notes

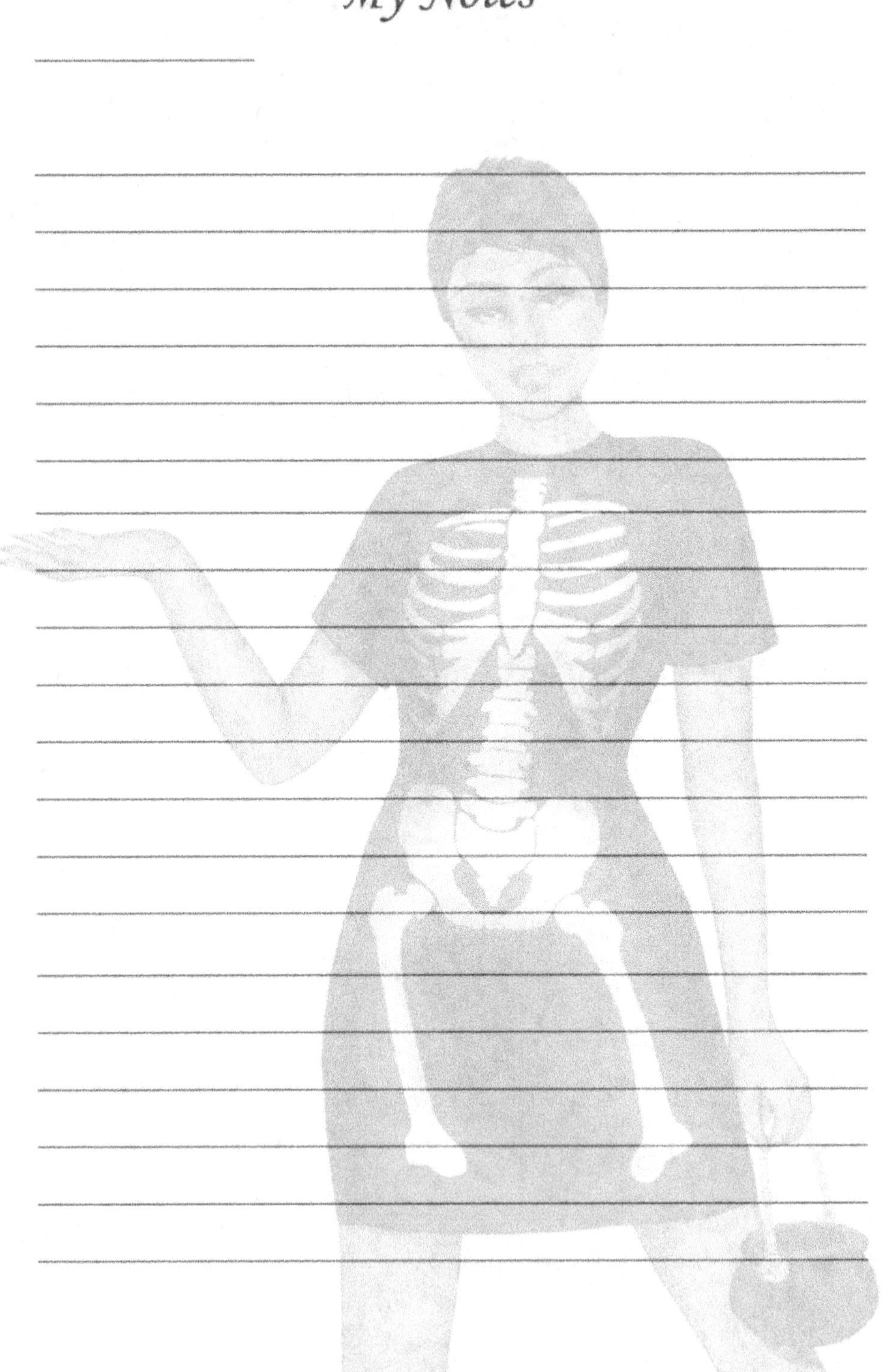

My Notes

My Notes

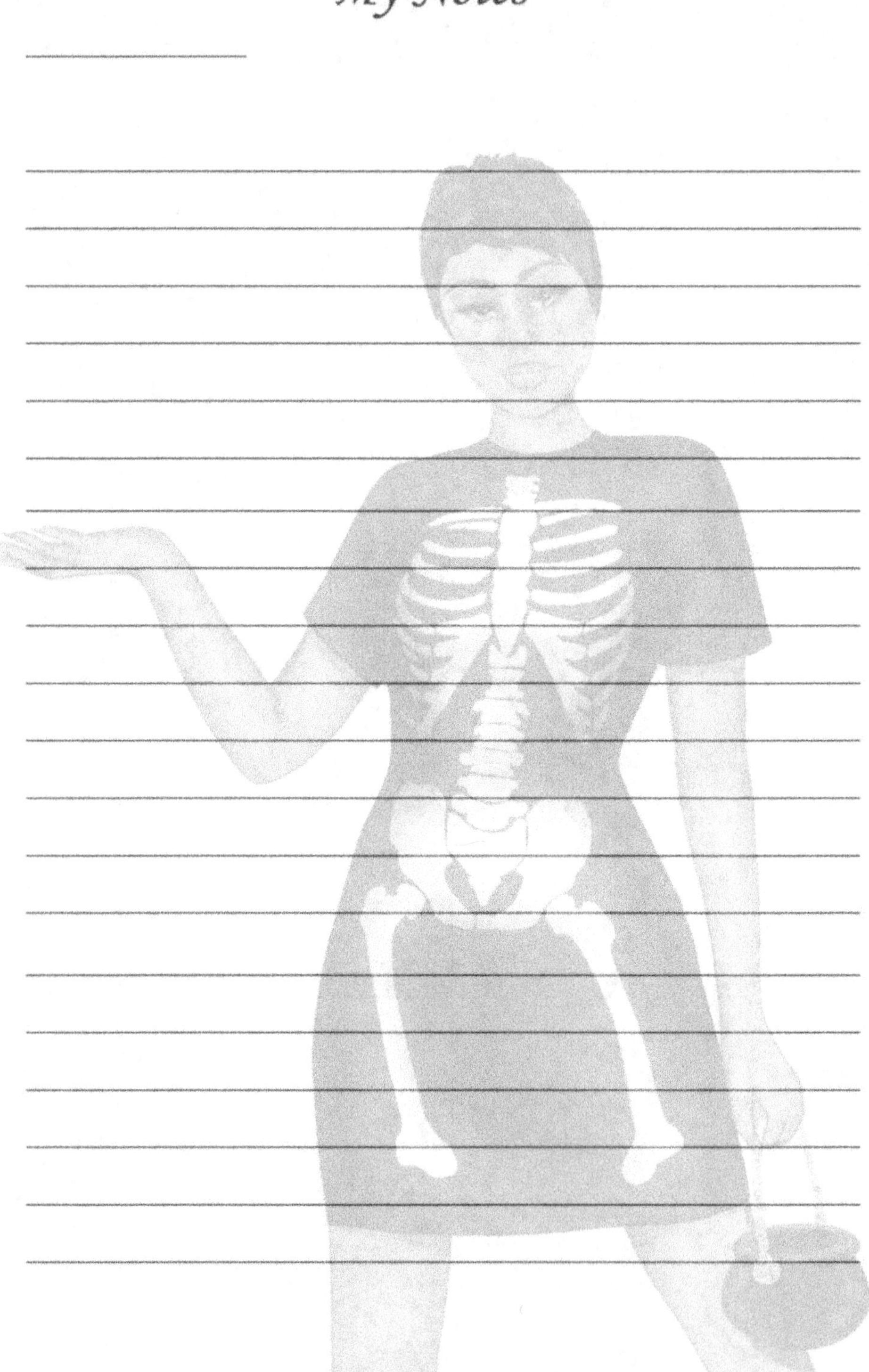